JN270579

野村の革命

野村克也

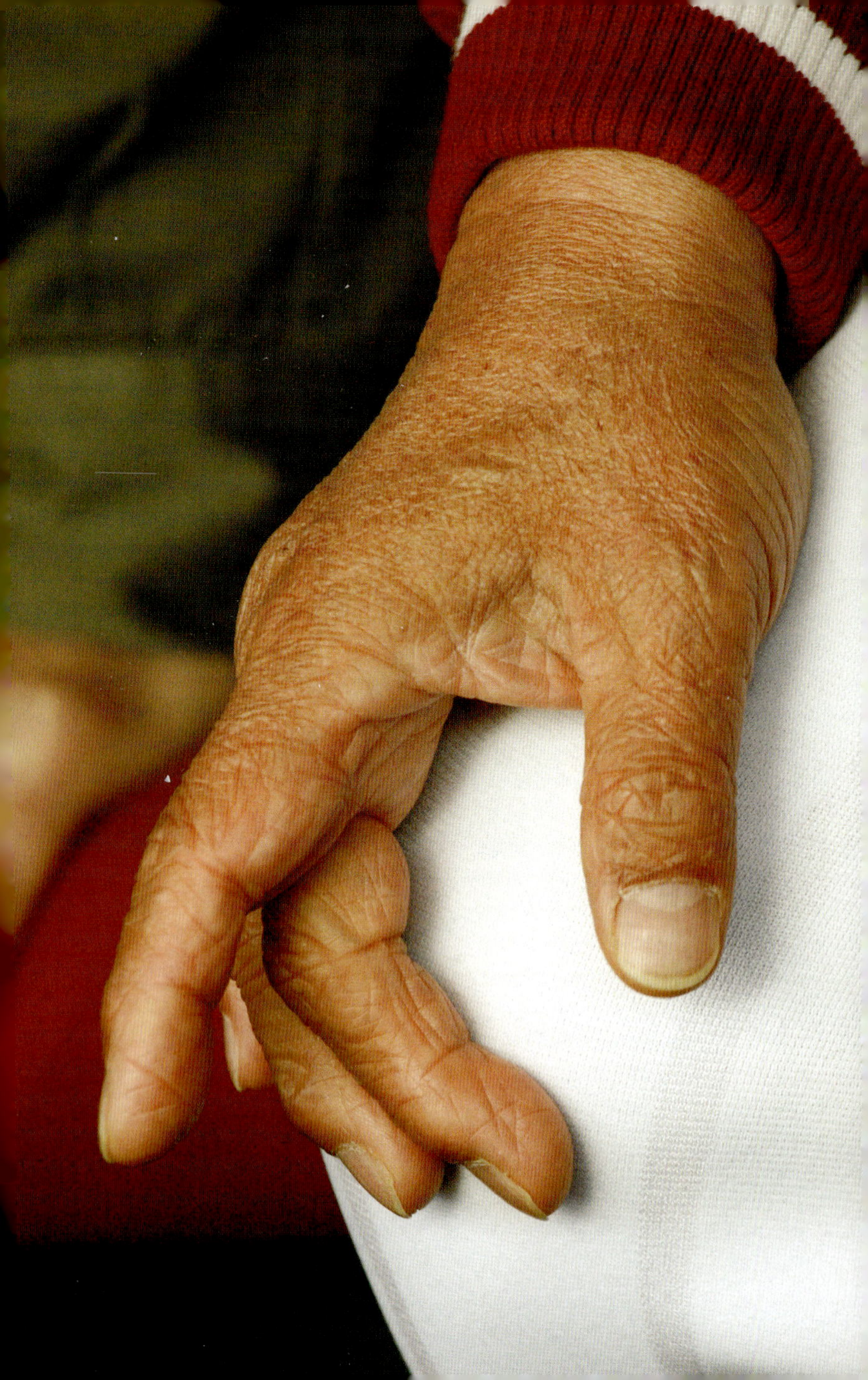

Kleenex STADIUM MIYAGI
LoFt SENDAI
FUJISAKI
Fuji
さくら野百貨店
CITIZEN
TIME
UMPIRE
SPEED
試合速報
選手コメント
携帯サイト
77 BANK
七十七銀行
LAWSON
Loppi
ここ!
RAKUT
ほしいものを、
TOS
東新住建 東
www.toshinjyu
Asahi
EAGLES

19
MIYADE
9
UENO

SAKAMOTO
NASHIDA
88

サンシ
サンシ
NOMURA
19

野村の革命

野村克也

はじめに

監督とは孤独な生きものである。

指揮官とは、実戦における判断と決断の連続の中で、敵を知り、己を思い知る。

「これを亡地に投じて然る後に存し、これを死地に陥れて然る後に生く。それ衆は害に陥れて、然る後に能く勝敗をなす」（九地篇）

『孫子の兵法』の教えである。絶体絶命の窮地に己を追い込み、死地に投入してこそ、活路は拓ける。士は危機に置かれてこそ、死力を尽くして闘う、の意である。

この教えは、私の野球人生、監督人生の指針のひとつである。

十八歳でテスト生としてプロ入り後、五十六年の時が過ぎた。私にとってプロ野球人生の集大成といえる二〇〇九年のシーズンの戦いは、最終盤のクライマックスシリーズ進出を賭けた激戦に象徴されるように、死闘の連続だった。私の野球観を賭けた戦いである。

周知のように、楽天は創設一年目には、シーズン九十七敗、勝率が三割にも届かない圧倒的最下位球団だった。翌年、監督に就任した私は「ゼロからの出発」を掲げた。一ではない、まったくのゼロからの出発だった。リーダーは、まず中長期のビジョンを示さなければならない。私はチームの組織戦略の確立には、最低三年かかると見ていた。一年目を荒野に種を撒《ま》く「作る年」、二年目水を与え闘う集団に「変革する年」、三年目種が芽吹きだす「勝つ年」と位置付けた。思惑より一年多くかかってしまったが、ようやく監督就任四年目にして、私の持論である「無形の力」が楽天の選手たちに実戦において徐々に浸透してきた。

他球団を戦力外になり、一時は引退も考えたという山﨑武司が、年齢別最多記録の本塁打を放ちながら、チームリーダーとして若手を牽引する。中日で出場機会にほとんど恵まれなかった鉄平が、休日返上で練習に取り組み、「ノムラの考え」をベースに状況を読む打撃に開眼し首位打者を獲る。社会人野球を経験し、二十九歳でプロデビューした遅咲きの草野大輔は、天才的なバットコントロールを駆使しライバルたちとのレギュラー争いに勝ち、主軸を任せるまでに成長した。

投手陣では、決して野球エリートとは言えない入団三年目の永井怜《さとし》が、十三勝をあげ、岩隈久志、田中将大につぐ三本柱のひとりとなった。大リーグを解雇された福盛和男は、シーズン途中から復帰し、七勝十セーブと抑え役として覚醒した投球を見せた。

さらに、悪球打ちで有名になった中村真人《まさと》や俊足の内野手・内村賢介などは、私と同じ育成選手出身である。年俸三百万円程度から這《は》い上がってきた雑草である。

楽天の飛躍は、これら脇役の選手たちへの意識改革による成果である。野球は適材適所を無視した主役ばかりを集めても勝利を生まない、意外性のスポーツである。そこに弱者の戦略としてのデータが生きてくる。技術力の限界を補うのが、頭脳である。楽天がこれから先、真の花を咲かせられるかどうかは、死地に赴いていかに闘うかの戦略としっかりとしたデータ分析に基づく準備ができているかにある。

「考える野球」が持論の私が、二〇〇九年楽天の選手たちに求めたスローガンは、初めての精神論である『氣〜越えろ！』であった。情報戦の時代にこそ必要なのは、状況の変化を読み、敵の意図を見抜く眼である。それにはまず、己を知らねばならない。『氣〜越えろ！』とは、「克己」を意味する。プロとして最も重要な認識である「敵を知り、己を知れば百戦殆うからず」の教えを叩き込みたかったのだ。


半世紀以上プロ野球の世界に生きて、私が未だに痛感させられるのは、「プロとは何か」という概念である。生き方と言い換えてもいい。人間は無視・賞賛・非難の三段階で試されている。

私の野球人生はまさにそうだった。初めはテスト生という立場ですべて無視された。「壁」と呼ばれたブルペン捕手は試合に出してもらえず、ひたすら投球練習するピッチャーの球を受け続ける。人間扱いされない。一軍投手の投球練習のボールを受けていて、相手にボールを投げ返す際、少しでもボールが逸《そ》れると一軍投手に捕球してもらえないのである。「おい、拾って来い」と言われ、犬のように走るのである。

そうした苦難に耐え、ようやく入団三年目に一軍にあがり、四年目から一軍レギュラーに定着し、少々プロとして芽が出だすと、褒めることのなかった南海ホークスの鶴岡一人監督からひと言だけ、「おまえ、ようなったなあ」と賞賛されたことを私は生涯、忘れない。

しかし、四番打者でキャッチャーという立場を背負ったチームの主力選手になると、非難轟々《ごうごう》であった。三冠王を達成した際に監督から贈られたのは、「何が三冠王じゃ、何がホームラン王じゃ、大きな顔をするな！」という叱責であった。

アマチュアとプロの違いとは何か――。私は突き詰めて、キャンプなどで若い選手たちに問う。「野球とは何か」そして、「人生とは何か」と。こうした根源的な哲学が、ベースになければプロでは生きていけない。野球人である前に、人間なのだ。

私は東北楽天イーグルス監督に就任する以前に、社会人野球シダックスの監督を三年間務めさせてもらったが、逆に私が学ばせてもらった点が多かった。

ひとつは、アマ野球でプレーする選手たち、指導者の方々の謙虚さ。些細な問いにも、熱心に食らいつくように話に聞き入っていた。我々はプロの経験がない、何も知らない、という姿勢で貪欲にプロの思考と哲学を学ぼうとする。

その根底にあるのが情熱である。ミーティングで私は、選手たちに尋ねてみた。

「ここでプロに行きたい者は、挙手するように」

すると、全員が手を挙げた。私は驚愕した。これほど彼らはプロに憧れを持って、日々厳しい環境で取り組んでいるのだと。逆にプロはこの姿勢を学ばなくてはいけない、と思ったものだ。プロの指導者は往々にして、己の経験に溺れやすい。

もうひとつ学んだのは、アマには代わりがいない、という監督としての命題だった。つまり、人数も能力も限られた選手を実戦の試合に間に合うように、なんとか指導し起用しなければならない。

しかし、プロの世界には代わりが存在するのである。Aという選手が故障で使えなければB、BがダメならCというような激しい競争社会である。そこに大きな違いがある。

それ故に、プロはやはり自立心・自主性が非常に大事だ。誰もうまくなるまで待っていてはくれない。教えを請う猶予はない。監督やコーチが見ていてくれるだろうという依頼心は、敵である。この世界は、自分で己の道を切り拓いていくしかない。

私にとって、王貞治、長嶋茂雄のふたりは、プロとして反骨のエネルギーを与えてくれた生涯のライバルだった。王、長嶋ふたりにとっては、リーグも異なり、「野村はライバル」という意識はあまりないだろう。ただ、選手としては王貞治、監督としては巨人・長嶋監督への好敵手意識が、私の終生の飽くなき向上心を支えてくれたのは事実である。

六百号本塁打を達成した日、私は、「ＯＮは太陽の下《もと》に咲くひまわり、私は月を仰いで咲く月見草だ」とインタビューに答えた。黄色い月見草は、私の生い立ちの花である。父を戦争で失い、二度のガンに冒されながら懸命に働く病身の母から、中学を卒業したら地元の丹後ちりめん屋に丁稚奉公に出てくれと言われていた私に、己の大学進学の夢をあきらめてまで高校進学の機会を与えてくれた兄、私にプロ野球選手への道を導いてくださった恩師・清水義一先生。ヒーローとは無縁だった貧しかった少年時代に、丹後の海辺で畑仕事の帰り道に見た月見草と恩人の姿が重なり、走馬灯のように蘇ったのだ。

人生とはまさに縁である。己の七十四年の人生を振り返っても、苦難を乗り越えてこそ、そこに人間の真価が顕れると思う。

本書は、半世紀以上の歳月を野球人として歩んできた私の軌跡と監督として現代の若い選手たちに求める野球観を中心にまとめた拙著である。

最後に、多忙の中、私との「バッテリー談議」に付き合ってくれた桑田真澄君に、この場を借りて御礼を申し上げたい。

二〇〇九年十一月

野村克也

目次

アートディレクション
長友啓典
ブックデザイン
三田村邦亮+K②
構成
阿部珠樹
写真
小池伸一郎
中村宗徳

序章

悲願のクライマックスシリーズ

悲願と意地の大舞台

二〇〇九年のシーズンをパ・リーグ二位で終えて、楽天イーグルスは悲願のクライマックスシリーズ進出を果たした。しかし、シリーズの始まる前、私は球団から今シーズン限りでの退任を言い渡された。納得できる明確な理由は示されず、ただ「契約が切れたから」というだけで退任させるフロントの考え方は私には理解できかねた。成績が悪いならともかく、創立五年目にして初めてAクラスの二位になり、クライマックスシリーズ第1ステージの地元開催を果たした監督が、いかなる理由で辞めなければならないのか、きちんと説明できる人があるだろうか。

楽天はまだまだ発展途上のチームである。「石の上にも三年、風雪五年」の諺ではないが、あと一年、時間をもらえれば、常に優勝を争うチームに育てることができたのに、残念でならない。

しかし、そんな私の痛恨も、仙台のファンが癒してくれた。勝っても負けてもマナーがよく、熱心で我慢強い東北のファンに、私も選手もどれだけ励まされたことか。雪深い気候の中で培われる忍耐と執念、私の故郷の丹後人気質に似た風土と人情が、東北にはあった。様々なチームでファンに接してきたが、楽天のファンは日本一といってもよい。

「なんとしても日本一、頂点に立って、皆さんに恩返しをしたいと強く強く、胸に刻んでおります」

私は、エース岩隅久志、田中将大の二戦連続完投勝利と楽天打線の奮起でクライマックスシリーズ第2ステージ進出を決めた試合で、本拠地のファンにそうあいさつした。四年間お世話になった感謝の気持ちをなんとか言葉で伝えたいと考えたからだ。スタンドからの声援を聞いた時、私の胸には確かに込み上げるものがあった。

それにしてもヤクルト監督時代の一九九七年の日本シリーズ以来、十二年ぶりに臨んだ短期決戦は、私に改めて特別な緊張感を味わわせてくれた。

「こうした緊張感の中で、人は成長してゆくんだなあ」

私はクライマックスシリーズのベンチにいて、そんなことを強く実感した。おそらく初めて短期決戦に臨んだ楽天の選手たちも、後にそのことを実感するだろう。そこから何を汲み取れるかどうかが、プロとして大成する分かれ道になる。自分の中に革命を起こすきっかけになるだろう。その点でもクライマックスシリーズに進出できたことは大きな意味があったと思う。

終戦となった第2ステージの北海道日本ハムとの激闘を終えて身に沁みて思ったのは、チームとしてはこの結果で良かったのではないか、ということだった。ビッグゲームに負けることで得られるものもある。人間、負けた方が真剣に反省する。足りないものを選手自身が痛感する。段階を踏んで頂点を目指せばよい。選手たちの人間的、技術的成長の場にこれ以上の舞台はない。

山﨑武司

不惑の主砲・山﨑武司は、二〇〇九年のクライマックスシリーズで素晴らしい活躍を見せてくれた。ソフトバンクとの第1ステージでは二戦続けて本塁打、特に第二戦は試合を決定づける価値ある3ランを放った。場面は一点リードの五回裏二死一、三塁。三番打者の鉄平が敬遠された直後の打席だった。カウント1—1からの真ん中高めの直球を楽天ファンが埋め尽くす左中間スタンド最前列に打ち込んだ。四番の意地の一発である。

私はベンチに戻ってきた山﨑と思わず抱き合った。私は本塁打を打った選手が戻って来てもあまり大げさに出迎えたりはしない。だが、あの時だけは、ほんとうに感激しジーンと来て、自然に抱きついたのだ。

チームが苦しい時に打つのが四番、２アウトに追い込まれてから好結果を残すのがほんとうの四番である。山﨑はその役割を十分に果たしてくれた。チームリーダーとして、私を支え続けてくれた男に対し、素直に「ありがとう」と言いたかったのだ。

天性の打撃からデータを生かした配球の読みに開眼した山﨑は、二〇〇七年二冠王を獲得して以降、打撃成績が向上しただけではなく、監督・コーチと選手の狭間にあって、時に弱気のプレーをした若手を叱りつけるベテランの真の役割も果たしてくれた。人を叱るとは己自身が問われる。他の鑑《かがみ》になる行動が伴わなければならない。その意味では、山﨑自身の成長と若手の意識改革という相乗効果がチーム内に生まれたことは大きかった。

「百戦錬磨の監督が感極まった。それだけの思いが伝わってきた。あの涙を無駄にはできない」

山﨑は第一戦の後、そんな話をしたそうだ。私が試合前のミーティングで「みんなと、もっと野球がしたかった」と思わず声を詰まらせたのを見て、意気に感じてくれたのだ。そうした心意気が連日の本塁打を生んだ。まだ情に動かされて大きな力を発揮する選手がいる。それを知ったのもうれしかった。

「感動した」

第2ステージ進出が決まったあと、私は小泉純一郎元首相の有名なコメントと同様に、山﨑の本塁打をそう評した。率直な気持ちだった。

第2ステージでの山﨑は、やや力が入りすぎていたのかもしれない。チャンスで狙い球を打ち損じる場面ではやや気負いが感じられた。

すべての戦いを終えて山﨑は、「最後はパ・リーグの決戦まで連れてきてもらったのも、こうして悔しい気持ちを教えてくれたのも野村監督のお陰。一日でも長く監督と野球をやっていたかった。いい勉強をさせてもらった。僕は一度野球を挫折しましたから。野球を続けてきてよかった。『ひとまず、ありがとうございました』と言いたい」と私への謝意を残してくれた。

田中将大

田中の素晴らしい将来性は誰もが認める。だが、いち早くそれを認めた私からすれば、まだ物足りない点もある。二〇〇九年のクライマックスシリーズ第1ステージ、仙台でのソフトバンクとの第二戦で無四球完投勝利を飾った田中の投球は、ファンもメディアもみなが賞賛するものだった。確かに大一番で味方のエラーによる一失点だけの完投は立派な内容である。

だが、試合のあと、ウイニングボールを渡してくれた田中に、私は敢えて苦言を呈した。

「横着を覚えたな」

ペース配分して、初回からの全力投球はせず、ピンチの時にギアをあげる投球は、大人の投球とも言えるが、短期決戦には向かない。特に田中のようにチームの支柱である投手は、短期決戦では最初から全力投球でチームの士気を鼓舞する役目も持っているのだ。

みなが賞賛する中で、敢えて苦言を呈したのは、彼がそうしたチームの模範となるエースらしい投球ができる器だと信じているからだ。

その苦言はすぐに届いた。第2ステージ日本ハムとの第三戦、負ければラストゲームという大一番で、田中はクライマックスシリーズ二戦連続完投勝利となる六安打二失点の力投を見せた。史上四人目の記録であり、圧巻の投球内容であった。

特に一点差に迫られた終盤の八回二死三塁の場面で、日本ハムの主軸・稲葉篤紀に対し、150キロ超えの剛球を四球連続で投じた。続く四番の高橋信二をスライダーで打ち取ると田中は鬼の形相で二度、雄叫びをあげた。田中はピンチになればなるほど力を発揮する。かつて日本シリーズで西鉄三連敗後の奇跡の逆転劇、四連投四連勝の快投を演じ「神様」と呼ばれた伝説のエース稲尾和久を彷彿させる投手の本能が田中にはある。エースの絶対条件は闘争心である。

田中は私が楽天監督就任二年目の二〇〇六年にドラフト一位で入団した。田中は楽天のみならず、今後日本のエースに成長するであろう逸材である。詳しくは後半の章に触れるが、私は選手の教育、評価を三段階で示している。「無視、賞賛、非難」の三段階である。「神の子」と賞賛した段階から現在は非難を浴びる存在に成長しつつある。田中にとっては今が、一番大事な時期だ。ペース配分する投球術で乗り切るのはこれから二、三年後で充分である。厳しい指摘をしたのはそれ故である。

二〇〇九年のシーズン、田中は自己最高の十五勝をあげたが、夏場は二ヶ月ほど勝ち星に恵まれなかった。連投からくる股関節の痛みや好投しても打線の援護がなく敗戦投手になることが続いた。私はその時期が重要だと思っていた。

「今はもっと苦しめ。それが大きな成長につながる」

二〇一〇年からは彼の近くでそうした苦言を言ってくれる人がいなくなるかもしれない。

田中には期待を込めて、一層の自覚を求める。

間違いだらけの第2ステージ

クライマックスシリーズ第2ステージは、日本ハムに一勝三敗で敗れ、日本シリーズに進出することができなかった。とりわけ第一戦で、九回四点差を付けながら守りきれず、日本ハムの助っ人スレッジに逆転サヨナラ満塁ホームランを浴びるという信じられないような負け方をしたのが最後まで響いた。楽天にとっては、この敗戦で絶対的不利となった。日本ハムのアドバンテージの一勝が重くのしかかった。

短期決戦は初戦が重要である。試合前の打撃ミーティングで私は、日本ハムの先発投手・武田勝攻略法を野手に伝授していた。

「イチロー型ではなく、落合型で行け！」

右打者が左足に体重移動し前のめりになる、これがイチロー型である。右足を地につけ、軸足にして打つのが落合型である。「右打者は、武田のチェンジアップをマークしながら内角はコンパクトに打ち返す、体を突っ込まないようにして打て。左打者は外角スライダーをマークして、軸足にしっかり〝溜め〟をつくって打て！」とアドバイスしていた。

草野大輔や中島俊哉、武田勝を苦手としていたリンデンも私の指導を生かし安打を放った。だが、八得点をあげた打撃陣の殊勲も、終盤の中継ぎ陣の投壊で吹き飛んでしまった。

しかし、その試合だけでなく、全体を通して私自身も悔いの残る戦いだった。

「間違いだらけの第2ステージ」

最後の試合のあと、記者に囲まれた時、まず、そんな言葉が口をついて出た。私の打つ手にも迷いがあったし、選手の働きにも誤算が多かった。最終戦がそれを象徴していた。岩隈、田中、永井の三本柱を使ったあとの第四戦である。先発を誰にするか迷わざるを得ない。自己弁護すれば、これはチーム事情による。迷ったあげく、新人の藤原紘通《ひろみち》を起用したが、こちらが全幅の信頼を置いて起用したのではないことが藤原にも伝わってしまった。信頼されていないことを感じながらマウンドに立ったのでは、よい投球ができるはずがない。

「監督は選手を生かさないといけないのに殺してしまった。そういう意味で選手にも謝罪しないと。長い経験があるのに、お詫びのしようもない」

私は試合後の会見でそう話した。

また、戦いを終えて宿舎に戻った選手たちに対して、私はこう伝えた。

「このへボ監督を四年間、恥をかかさずにやってくれて厚く御礼申し上げます。来年以降、いずれ頂点を目指してください。チームが一歩ずついい方向に進歩していることは間違いない。あれだけ熱心に応援してくれる仙台のファンの方を向いて一生懸命やってください」

謝罪したいのは選手だけではなかった。仙台のファンに対しても、感謝と申し訳ない気持ちを伝えたかった。

ペナントレース中、クライマックスシリーズ進出争いが激しくなってきたとき、私はただ三位に入ってクライマックスシリーズに進むのではなく、地の利を生かし二位以上になって仙台でのシリーズ開催を実現させたいという気持ちが強くなっていった。ソフトバンクとの争いを制して二位になり、仙台開催を実現させたあとは、日本シリーズの仙台開催が夢になった。仙台をはじめ、東北の人たちに、地元での史上初の日本シリーズをなんとしても見せてあげたかったのだ。

クライマックスシリーズ前に今シーズン限りの退任が決まった私が、なお勝利に意欲を燃やすことができたのは、仙台と東北のファンにシリーズを見せるという使命感があったからだ。それができなかったことはほんとうに残念だった。

人は何を残すかで評価が決まる

クライマックスシリーズの敗退が決まった直後、私は楽天と日本ハム両チームの選手、コーチたちの手で胴上げをしてもらった。退任の決まった監督の胴上げはよく見られるが敵地で、両軍の選手がいっしょになっての「敗軍の将」の胴上げは前例のないことだという。山﨑武司が「来いよ」と声をかけ、日本ハムの選手たちが応じてくれた。私は五度、宙に舞った。札幌ドームに詰めかけたファン、特に日本ハムのファンからも温かい声援をいただいた。感無量だった。

両軍の選手、コーチから胴上げされたのは、日本ハムにも私の教え子といえる選手、コーチがいたからだろう。日本ハムの三番というより、今や日本を代表する外野手になった稲葉篤紀は、ヤクルト監督時代にたまたま観戦した六大学の試合で目に留まり、私が獲得を進言した選手だった。投手コーチの吉井理人は私の監督時代、近鉄からヤクルトに移籍してきたが、私はそれまでの抑えから本格的に先発に転向させて、三年連続二ケタ勝利をあげさせた。江夏豊とは逆のケースである。吉井は、野茂英雄から伝授されたフォークを習得して投球術に磨きをかけ、一九九五年、九七年のヤクルトの日本一に貢献してくれた。

ヤクルトのあとはメジャーにいって、ローテーション投手として活躍した。

初戦で対峙した日本ハムの先発投手・武田勝は、私の社会人野球のシダックス監督時代の教え子でもある。当時の武田は、直球とスライダーしか持ち球がなかった。武田は非常に器用なタイプの投手だったので、私は「プロに行きたいのなら、コントロールを磨き、球種を増やせ。右打者にはチェンジアップ、左打者には内角を衝くシュートを覚えろ」と指導した記憶がある。二〇〇九年、武田は二ケタ勝利をあげ、自軍でダルビッシュ有につぐ投手に成長した。

両軍から胴上げされた私は、ほんとうに「野球屋冥利」に尽きた。

胴上げの感想を聞かれて、私は人の縁を強調した。教え子がたくさん野球界にいるのは、私とその選手たちとの縁があったからだ。多くの選手たちと縁を結ぶことができたのは、野球人として大きな喜びだった。

人間の評価は何によって決まるか。それはその人間が何を残すかで決まる。カネを残す人もあれば、名声を残す人もあるかも知れない。しかし、一番評価されるべきは、人を残すことではないか。自分の影響を受けた人、薫陶を受けた人材を後世に残すこと。それができた人物こそが高く評価されるべきだ。私が多少なりとも野球界に何か貢献したことがあるとすれば、多くの選手たち、多くの人を残すことができたことではないか。

楽天の変貌を見届ける

球団創設一年目に九十七敗もしたチームを、よく四年で日本シリーズ進出を争うところまで持ってきた。そんな風に評価してくれる人もいる。しかし私は晴れ晴れした気持ちでユニフォームを脱ぐことはできなかった。

「ああしておけば、こうしておけば。まだまだやり残したことがある」

そんな後悔とぼやきが止まらなかった。自分の力のなさを感じることのほうが多かった。特に日本ハムとのクライマックスシリーズ第2ステージでは大きな差を感じさせられた。両チームの安打数を比較すると、ほとんど差はない。投手の球速やコントロールも決定的な差があるわけではない。戦力にあまり差がないとすればどこに差があったか。

やはり心理的なもの、メンタル面の差だろう。例えば、日本ハムの田中賢介は、最終の第四戦の八回裏、ダメ押し点の欲しい場面で1—2からのストライクを打つ気なく見送った。普通ならバッティングカウントである。打って出てダメ押し点を奪いヒーローになりたいという気持ちを持っても不思議ではない。しかし、田中は自主的に待って出塁の可能性を拡げようとした。結果は凡打だったが、そうした姿勢が「勝とうぜ」というムードをつくる。残念ながら、楽天には、田中のような意識を持って打席に入る選手はいなかった。その差がすべてだった。

第二戦では、エース岩隈の好投を打線が援護できずに十四残塁を記録した。理由は脇役に徹しきれないことだった。全打者が投手有利のカウントで引っ張りにかかる、四番打者の打撃をしてしまっていた。さらに決定的だったのは、一点差勝負の七回裏一死、日本ハム金子誠の三塁線を抜ける二塁打をサードの草野が防げなかったことだ。完全なセオリーミスである。この場面、キャンバスを固めるのが定跡である。

「我がままを言わせてもらえるなら、もう一年間監督をやりたかった」

私がそう言い続けたのは、あと一年あれば、クライマックスシリーズに現れたような差を埋めることができるかもしれないと考えたからだ。

短期決戦のようなビッグゲームは、現在のチーム力が一番出る。監督のチームへの指導力がはっきり出るものだ。日頃の教育の重要性を再認識させられた。

私にとって、悲願と意地のクライマックスシリーズは、「敵を知り、己を知る」最良の機会だっだ。パ・リーグの覇者となった日本ハムの攻撃には、田中賢介の例だけではなく、第二戦に二度、先頭打者となった稲葉もインコースを攻めてこないと読めば、外角を待ってレフト方向に安打を狙う姿勢が現れていた。日本ハムの選手たちは、常にグラウンドを九十度を視野にして打席に立っていた。

つまり、相手の隙を突く。気配を感じる。空気を読む。私の説く「無形の力」を、楽天にしっかり定着させたかった。しかし、ユニフォームを脱いだ今は、選手たちが自分でその力をどれだけ身につけるか見届ける立場となった。楽天の選手たちがどれだけ変わることができるか。その変貌ぶりを、今後はネット裏からしっかり見届けさせてもらう。

第一章

無視から始まった野球人生

野球とは何か

意外に思われるかもしれないが、少年時代、私の最初のポジションはショートだった。私が野球を始めたのは中学校に入ったときのことである。始めたといっても、当時は今のように小学生の頃から上質なユニフォームを着て硬球を使う本格的なものではなかった。軟式の粗悪なボールを使った遊びの延長のような部活動である。いい指導者もいなかった。

病身の母を助けるため、小学生のときから兄と新聞配達のアルバイトをする一方、夏休みにはアイスキャンディー売りや子守りなどをして家計を助けた。私は兄とは全く異なり、勉強嫌いで、宿題を放り出して野山を駆け回ったり、とんぼを捕ったりと、川や海で遊んでばかりいた。スポーツも野球だけでなく、卓球、バスケットボール、バレーボールなどたいていのものはやった。運動神経は悪くなかったのだ。私の故郷の京都丹後地方は、冬が長く、スポーツは室内競技のほうが盛んだった。

屋外、屋内を問わず、スポーツに手を出したが、かならずしも野球が一番うまかったわけではない。バレーボールなどはクラス対抗の試合をやると、一度も負けたことがなかったし、バスケットももしプロの道があるなら進みたいとさえ考えたことがあった。

その中で野球を選んだのはなぜだろう。もし野球を選んでいなかったら、バスケットでもやって、社会人チームに入り、数年プレーしたあと平凡な勤め人の道を歩んでいたかもしれない。

私が野球を選んだのは、まず団体競技だったことが大きい。私は卓球のような個人競技もそこそこの腕前だったが、やっていて楽しいと感じるのは、野球をはじめとする団体競技だった。

団体競技はただ、技術と体力があれば勝てるというものではない。チームプレーが求められる。自分を殺してチームの役に立つように心がけなければならない。独りよがりに腕を磨くだけでなく、対戦相手を研究し、弱点、長所を見つけて、それに合った戦略を立て、試合を進めなければならない。

もちろん、中学、高校の団体競技にそれほど細かい戦術があるはずはないが、それでも勝つためにはつたないなりの手を考え出さなければならなかった。そのことが少年時代の私には魅力的に思えたのだ。

特に野球の場合は、身体能力ですべてが決するわけではなく、考える要素が非常に多い。私はそこに惹かれた。

野球を始めてから六十年近い時が流れた。これだけ長く付き合ってくると、そろそろ野球に飽きてきてもおかしくないのだが、一向に飽きる気配がない。それどころか、毎日が新しい発見である。

野球に対する考え方は時代によって大きく変化する。その代表的な例が先発投手だ。

私が現役だった一九七〇年代ぐらいまでは、エースと呼ばれる投手は先発したら完投するのが当たり前だった。金田正一、稲尾和久、杉浦忠といった大エースは一シーズン三百イニング投げて平然としていた。

ところが、徐々に「投手の肩は消耗品」という考え方が広まり、エースと呼ばれていても、完投はめったにしないのが普通になった。無失点に抑えていても、七回ぐらいになるとマウンドを降りるケースも少なくない。今の野球では、年間二百イニング投げる投手は北海道日本ハムのダルビッシュ有、埼玉西武の涌井《わくい》秀章などひとりかふたりだ。その代わり、リリーフ投手の中には、中日の岩瀬仁紀や巨人の山口鉄也のように六十試合、七十試合も投げる者が何人もいる。

私は投手の肩は消耗品だとか、投手は分業制にしなければならないといった考えを否定しているわけではない。それどころか、南海ホークスの選手兼任監督だった頃には、いち早く専門の抑え投手を養成した。分業制の先駆者とみなしてもらってもよい。

ただ、あまり極端な考え方を取ることには賛成できない。どんな試合でも、一定の投球数を消化したら、自動的にマウンドを降りるといった考え方は決してチームのためにはならないし、人間教育にならない。〝人間的成長なくして技術的進歩なし〟は私の持論である。

特にエースともなれば、常に完投、完封を目指し、監督やチームの期待に八割以上応えられるのがエースのエースたる条件である。エースは人の鑑にならなければならないし、チームは中心がいないとうまく機能しないのである。

戦略と戦術には、似て非なるものがある。戦略は長期的視野に立って、チームをどう編成し強化していくかの組織論が要る。

監督としてチームを預かった私は、基本的な組織戦略として、選手を「集める、鍛える、育てる」の三大要素を自らに課してきた。編成、育成に加え、球団組織の人材、財政面でのバックアップがなければ、激しい情報戦とメジャー移籍など国際化の中で、監督一人の力でチームを強化できるほど単純な時代ではない。

戦略が長期的な構想力なら戦術は場面ごとの瞬発力、爆発力である。特に奇策と呼ばれる戦術は、短期決戦において有効だ。

二〇〇八年の日本シリーズで、西武ライオンズは第四戦で完封勝ちを演じた先発投手の岸孝之を第六戦でロングリリーフに立て、ジャイアンツの打線を封じ込んで逆転優勝のきっかけを作った。先発の柱をロングリリーフに立てるなど、硬直した考えに立つならあり得ないことだが、状況によってはそれが正しい場合もあるのだ。シーズン戦略にはない瞬間的思考が西武に日本一をもたらした。

昔のやり方がすべて正しいなどとは思わない。だが、最先端を行っているようなスタイルが、実はひどく硬直した思考の落とし穴に陥っていることだって珍しくない。革新的なことをやっているように見えて、実は古臭かったり、単なる頑固だったりといったことはよくある。

野球のような勝負事に、万能の手などというものはない。最善の策も時代によって変化するし、チームや選手の置かれた状況によっても変化する。そうした変化や状況をよく読み、その上で新しい戦略を打ち出すのが独創性のある監督、革命的な監督といえる。私は野球の革命家を志したわけではないが、時代の変化にはいつも気を配っていたし、チームや選手の置かれた状況を常に考え、一方的に自分の考えを押し付けるようなことはしてこなかった。

監督として私の唯一の欠点は、非情になれないことである。実戦において決断をにぶらせ、選手交代のタイミングを誤ったと自戒したケースは幾度となくあった。これは私の性《さが》である。

身近な例で言えば、クライマックスシリーズの地元開催をかけ、二位を争ったソフトバンクとの天王山がそうだ。四連戦の初戦、同点の九回裏一死満塁、一打サヨナラの場面で、私は主軸のひとりであるフェルナンド・セギノールに代打策をとれなかった。セギノールは4球ファウルで粘ったが、ソフトバンクの抑え役の馬原孝浩のフォークに詰まり、一塁ゴロの併殺打に打ち取られた。

勝てる試合だった。しかも悲願の地元仙台でのクライマックスシリーズ開催に弾みをつけたい初戦であり、エースの岩隈久志が六回五失点と打ち込まれた後、主砲の山﨑武司が起死回生の同点2ランを放っていた。

私が代打策を躊躇したのは、中心選手を腐らせたくなかったからだ。セギノールは楽天では山﨑とともに本塁打が期待できる選手である。助っ人のプライドを傷つけてはその後の戦い、チームの士気にも影響しかねない。結局、延長戦の末、その試合を落としてしまったが、プロセスを重視する私の野球観の根底にあるのは、選手への情である。

私のそうした性が逆に、「うれしい誤算」となったのは、楽天の選手として初めて大リーグへ挑戦したがレンジャースから戦力外を通告され、二〇〇九年の六月に再び、楽天に戻ってきた福盛和男である。「我がままを言って出て行ったのに、野村監督に拾ってもらった。やるしかない」と本人が語るように福盛は復帰に際し、私の宿泊する仙台のホテルに訪れ、涙目で謝罪した。その後、福盛は抑え役としての意気がまるで変わったのである。

後にも触れるが、私はテスト生という経験した人間にしかわからない、どん底から這い上がった。プロに生きる男が、クビを宣告される辛酸を私は痛いほどわかる。だからこそ選手たちへの人間教育、社会人としての第二の人生の指針を早くから説いてきた。

南海ホークス、ヤクルトスワローズ、阪神タイガース、そして楽天イーグルスと二十四年間に及ぶ監督生活はなぜか、最下位チームの指揮を任された。詰まるところ、野村野球とは「情と理」に基盤があるのかもしれない。そうしたことを心がけなければ好成績をあげられなかったという事情もある。二十四年間、常に「弱者の戦術」をやって来たことになる。

そのお陰で、いつの間にか革新的な仕事をしたと評価されるようにもなった。頭の柔らかさだけは、この年齢になってもまだまだほかの監督には負けないと思っている。

運命を変えた、十一月二十三日

　昭和十三年三歳のとき、戦争で父を亡くし、母は二度のガンに冒され病弱だったので、私は高校に進んで野球をやるような境遇にはなかった。それがなんとか野球を続けられたのは、兄が大学進学を断念し、私の進学を助けてくれたからだ。だから私はなんとしてもプロ野球選手になりたかった。安定した生活の保障される社会人野球に進むという考えはなかった。数年間野球をやったあと、大卒の上司にあごで使われるような下積みのサラリーマン生活を送るなど真っ平だった。一刻も早く母に楽な生活をさせ、兄に少しでも恩を返すために、絶対にプロ野球の選手になる。それが高校生の私の決意だった。

　夢や憧れではなく、あくまでも現実の職業としてプロ野球選手を考えていたので、球団選びはずいぶん考えた。小さい頃から巨人のファンだったので、巨人のユニフォームを着たい気持ちはあったが、甲子園に出たこともない無名の田舎の高校生に、名門のスカウトが来るはずもない。

　それにもし来たとしても、私はその誘いを断っていただろう。というのは、私の一学年上に、甲子園で大活躍し、鳴り物入りで巨人に入団した藤尾茂さんというキャッチャーがいたからだ。たとえ巨人に入団しても、あんな凄い選手と競争したのでは、とても勝つ自信はない。

スカウトの訪問など受けたことのない私がプロに入る道はテスト入団しかない。では、入団したとして、活躍する余地のあるチームはどこか。三年生になると、授業中も私は各球団のメンバー表をひっくり返しては可能性を探った。普通の高校生なら、テストを受けるにしても、まず好きな球団を受けるだろうが、私にそんな悠長な選択は許されなかった。それに、自分の居場所がプロの世界のどこにあるか、頭をひねることはそれなりに楽しくもあったのだ。

今から五十年以上も前のプロ野球は、概して選手寿命が短かった。現在では阪神タイガースの金本知憲《ともあき》や楽天の山﨑武司のように不惑を過ぎても四番を打つような選手がいて、選手寿命は長くなっているが、半世紀前のプロ野球界は三十歳を過ぎればもうベテランで、三十代半ばになれば、ほとんどが引退という感じだった。

メンバー表を見ては、二十代のレギュラー捕手のいるチームを消去していった。私はレギュラーの捕手が三十代のチームを探した。そういうチームなら、数年我慢すれば出番が回ってくる可能性が高いと考えたのだ。調べた結果、それに該当するチームがふたつあった。南海ホークスと広島カープである。そこで、まず南海のテストを受け、ダメなら広島、それでもダメならひとまず社会人野球に進んでプロ入りのチャンスをうかがう。そういう戦略を立てた。

野球部長だった清水義一先生の尽力もあり、幸運にも南海のテストを受けることができた。テストの日は忘れもしない昭和二十八年の十一月二十三日、勤労感謝の日の祝日だった。

テストの会場に行ってみると、三百人を超える受験者が来ている。しかもその中のほとんどは平安、立命館、伏見など京都の高校野球の名門でプレーしていた選手たちだった。

「これはちょっと無理かな」

正直、弱気になった。

打撃に関しては少々自信があったが、私は自覚している弱点があった。捕手としてはやや肩が弱いのだ。当時は強肩こそがまずキャッチャーを採る際の最大のポイントだったから、肩が弱いとみなされるとまず採用される見込みはない。

試験には当然、苦手な遠投のテストもあった。合格ラインは九十メートル、いやもしかすると八十メートルだったかもしれない。二回投げて、このラインに届かなければ、赤い旗が掲げられ、それでテストは終了、「お引き取りください」となる。自信はなかった。案の定、第一投は合格ラインに届かない。次が最後のチャンスだと思い、二投目を投げようとして後ろに下がったときのことだ。遠投のラインを越さないように目を光らせていた審査員の一人がツカツカと私の方に寄って来て、耳元で「おい、もっと前へ行け、前へ行け」と囁《ささや》いた。ラインを越えて投げてみろと言うのだ。驚いたが、せっかく言ってくれたのだからと思い、四、五メートルラインを踏み越えて、力いっぱい投げた。俗に言う、下駄を履かせてもらったことで、私は遠投の合格ラインを超えることができた。

私に「前へ行け!」と言ってくれたのは、一年先輩で、やはりテスト生で採用された河内さんという方だった。河内さんは内野手で、私が入団してまもなく解雇されてしまったが、この方のアドバイスと温情がなければ私はプロ野球選手になれなかったわけで、今でも足を向けて寝られない。河内さんは、テスト生の気持ちを知り尽くしていたのだ。

病身で懸命に働く母、私のために大学進学をあきらめて就職して働く兄、南海のテスト生受験の切符代まで出してくださった京都峰山高校時代の恩師・清水先生をはじめ、人生の分岐点には、こうした数々の恩人がいる。その人たちの助けを得て今日の私があると思う。現在も、口うるさく選手たちに説くのは、人間、感謝の思いを忘れるな、ということである。特に、親への感謝こそがすべての起点となる。それこそが、考える力、感じる力、洞察する力を育てる基である。

私にとって、入団テストは人生の大きな分かれ道だったので、五十六年も前のことなのに、今も印象が薄れることがない。テストのときに付けていたゼッケン番号まではっきり覚えている。私の番号は326番だった。テストが終わったとき、ゼッケン番号が呼び上げられた。私の326番はいつまでたっても呼び上げられない。「ああ、ダメだったか」と諦めたその時、「今、番号を呼ばれた人はご苦労さん。帰ってよろしい」という声が聞こえた。なんのことはない。不合格者が呼び上げられたのだ。最終的に七名がテスト生として合格した。

合格者は食堂に集められ、仮契約を交わして帰ることになっていた。朝から何も食べていない上に、テストの重圧から解放されて、急に空腹を感じた。なにしろ十八歳である。球団のマネージャーが「好きなものを食べてもいいぞ」と言うので、カレーライスを食べさせてもらった。貧乏育ちの私は肉に飢えていた。中三のとき、兄の就職祝いに食べて以来の肉。そのうまかったこと。ペロリと平らげた。テストに合格できて、気分も最高だった。

「おかわりいいですか」

「もう一杯いいですか」

カレーライスを三皿も平らげた私を見て、「お前はよう食うヤツやな。食の細いヤツは、この世界では絶対駄目だ。よう食うヤツは大成するというから、そういう意味では、お前は素質があるかもしれれん」

マネージャーが呆れたようにそうつぶやいたのを、今も鮮明に覚えている。

その後、レギュラーの座を取り、四番を打たせてもらうようになったある日、食堂へ行ったときのこと。あの昭和二十八年十一月二十三日のテスト生受験の日が懐かしくてカレーを頼んでみた。ところがどうも味が違うのだ。

「昔のと同じカレーですか」と食堂のおばさんに尋ねると同じ味だという。だが私にはまずく思えて仕方がなかった。年月が経ち、口が肥えたのだろう。人間、口も肥えるが体も肥える。頭も肥える。一番肥えるのが眼だ。よい面もあるが、それによって失うものも少なくない。人間とは実に厄介な生きものだ。

無視から始まった野球人生

節目節目で現れる運命的な周りの人々の手助けもあり、入団テストに合格はしたものの、一年目はほとんどが二軍暮らしだった。今ではあまり使わなくなった言葉だが、「壁」と呼ばれるブルペン捕手が私の仕事だった。ブルペン捕手の私は、一軍投手から通常の半分の距離で全力投球のボールを受けさせられたことがある。顔の付近に来ると恐ろしかったものだ。「壁」の根性を鍛える意味のシゴキだった。

それでもテスト生時代の苦難に耐えられたのは、もう少し我慢して力をつければ、世代交代の時が来ると信じていたからだ。レギュラー捕手の松井淳さんは、経験は豊富だったが、打撃はあまり見るべきものがなかった。ときどき松井さんの打撃を見る機会があると、「これなら頑張れば抜けるかもしれない」と、希望が湧いてきた。

ところが一年目のシーズンオフに、絶望的なことを二軍監督から言い渡される。

「おまえはキャッチャーに向いていない。打撃を生かしてファーストに転向しろ」

思わず膝を着きそうになった。当時の南海の一塁手は四番打者の飯田徳治さんである。打撃がよいだけでなく、衣笠祥雄に破られるまで連続試合出場記録を持っていたように頑健な体の名選手だった。とても飯田さんと競ってポジションを取る自信はない。言われるままに一塁手への転身を図るか、あくまでも捕手にこだわるか、二軍の合宿所に帰って、私はずいぶん悩んだ。だが、テスト生上がりのプロ一年生に、チームの指示を無視する我がままは許されない。また、二軍の正捕手には当時、蔀島さん、小辻さんらの先輩がいた。先輩捕手を差し置いて、一介のブルペン捕手の私が試合に出るチャンスは少なかった。ファーストでもいいから試合に出る機会をまず摑《つか》み、折を見てキャッチャーに戻ればいい。私はとにかく試合に出ることが最優先であると決断した。新しいファーストミットを買い、一塁の練習に取り組んだ。

二軍にも川原さんという体の線の細い、非力な一塁手はいたが、「この先輩なら勝てそうだ」と思った。二年目は一軍での出場機会は全くなかったが、二軍でレギュラーになり、現在のウエスタンリーグで三割二分一厘の打率を残した。打撃ベストテンの二位という成績である。この成績で自信をつけた私は、シーズンが終わって秋季練習が始まると、二軍の松本勇監督に捕手に戻してくれないかと願い出た。

「すいません、キャッチャーに戻してもらえませんか」

「おまえの肩じゃ無理だよ」

監督はそっけなかったが、だいぶ自信がついたからと言い張って、捕手としてのプレーを見てもらうことにした。ノックで一塁から送球を受けて二塁へ投げる。矢のような球を投げることができた。松本監督は目を丸くした。

「おい、どうしたんだ、おまえ、いい球投げるじゃないか」

実は、私はシーズン中から捕手に戻るために肩を強化する秘密の練習を続けていたのだ。強肩は、当時の捕手の絶対条件だった。もちろん現在だって肩が強いに越したことはない。だが、当時は、今以上に肩の強さが求められていた。

現在のようにコーチが手取り足取り教えてくれるわけではない。二軍は監督一人だけで、コーチなど一人もいなかった。私は自分で考えて、肩を強化するトレーニングに取り組んでみることにした。

「握力が大事だろうから、毎日テニスのボールを一個、握り潰すトレーニングをやってみよう」

「腕の力が必要だから、鉄アレイで腕を鍛えてみよう」

自分で考えやり続けた。その中で一番納得できたのは遠投の練習だった。先輩の勧めもあってやってみた。

「遠くへ投げるというのは、全身運動だ。腕や上半身だけを鍛えてもほんとうに投げる力はつかない。その点、遠投は全身を使うから、根気強く続ければバランスの取れたフォームづくりができ、強くて正確な送球ができるようになる」

鉄アレイやボール握りよりも効果的だが、根気強く遠投を続けたのが一番よかった。

遠投には相手がいる。幸い、同期でテスト入団した捕手の成松春雄が練習相手になってくれた。成松は、ほんとうに人柄のいい男だった。二軍の練習が終わって無人の球場で日が暮れるまで、「もう、肩を壊してもいい」と覚悟して遠投の秘密練習を繰り返した。最初の二ヶ月間はなかなか距離が延びなかったが、三ヶ月ほどしたある日、練習をしていると、「おう、延びた、延びた!」と、成松が声をあげた。効果が現れたのだ。

遠投の練習を続けるかたわら、私は肩の弱さを補うため、少しでも送球を速くする練習にも取り組んだ。当時の野球の本に、キャッチャーの送球を速くする練習として、二塁の守備位置について、ダブルプレーの練習をするのがいいということが書いてあった。それによって捕球して送球する一連の動きが速くなると言うのだ。そこで練習のときには、よくセカンドに行って、併殺の練習に加わったりした。

当時の南海には木塚忠助さんという名遊撃手がいた。好守の上にすばらしい強肩で、「バカ肩」などと呼ぶ人もあった。阪神タイガースの名ショート・吉田義男さんと甲乙つけがたく、ファンや評論家は「どちらの守備が上だ」と盛んに話題にした。

この木塚さんの練習を、私はいつも食い入るように見つめた。一軍のフリー打撃の捕手を務めたあと、すぐに着替えて、一軍の守備練習に間に合うようにグラウンドに行く。そしてノックを受ける木塚さんの一挙手一投足をじっと眺めた。

今なら入団したばかりの選手が、チームのスター選手に「送球のコツはどうするんですか」と尋ねても、怒られたり、怒鳴られたりすることはない。木塚さんもこちらが訊いていれば、案外気さくに教えてくれたかもしれない。しかし、上下関係や年齢の序列が厳しい当時のプロ野球では、レギュラーにもなっていないテスト生上がりの新米選手が、一軍の最高給取りのスター選手にアドバイスを求めるなどとても無理な話だった。それだけ距離があった。

私が特に注意して見たのは、グラブから送球する右手にどうやってボールを移すかである。このときのスピードが送球の速さにつながる。木塚さんの動きはさすがに素速く、私はキャッチボールするとき、いつもその動きをイメージしながら、ミットから右手に少しでも早くボールを移動させるように心がけた。

速い送球をするにはミットにも工夫が必要だった。しっかり深くボールを握るようなミットだと、ボールを取り出すのに時間がかかり、その分、送球が遅くなる。当時は丸くて真ん中に少し窪みのある浅いミットが主流だったが、その中でも特に浅く、お盆にわずかに窪みの付いたようなミットを選んで使った。とてもシングルでキャッチできる代物ではなかった。「両手で捕球しろ」と言われたものだ。現在のように奥のほうまでボールが入る上質のミットは、片手で捕球するシングルキャッチには向いているが素早い送球の練習には向いていない。もし私が現代のようなミットを使っていたら、速い送球はなかなか身につかなかったかもしれない。ミットの歴史も私と不思議な巡り合わせだった。

こうした練習を密かに重ねていたことで、私の肩、送球は入団当時に比べ、格段に進歩した。

二軍の松本監督は、もともとキャッチャーの出身だった。見違えるような私の送球を見て、驚きはしたが、すぐ、どれだけ練習したかわかったらしい。こいつは鍛えがいがあるものになるかもしれない。そう考えたのだろう。それから連日の居残り特訓が始まった。

松本監督が眼を光らせる中で、私は捕手としての技術を徹底的に仕込まれた。ミットの構え方はこうだ、スローイングは右足を引いて、フットワークはこうだと、それこそ手取り足取り教えてくれるようになった。

自分なりに捕手に魅力を感じてこのポジションを選んだ私だったが、中学、高校では指導者がいなかったため、捕手としてのきちんとした基礎を教わることはできなかった。それ故、二年目の秋の居残り特訓は捕手としての基礎を固める上で大きく役立った。

それにしても、少し見込みがあるとなると、掌を返したように徹底的に指導してものにしようとする球団のやり方は情に欠けるというか、プロらしい豹変ぶりである。現金なものである。これは当時のプロ全体の傾向だったが、特にお金のない南海という球団では、顕著だった。

のちに監督になった私は選手を育てるステップとして、「無視」、「賞賛」、「非難」という三段階を踏ませるのが原則と考えてきた。見どころがありそうな選手でも、最初から手を差し伸べるようなことはしない。自力で這い上がってきた選手には、次の段階として褒めるようにする。ここで満足してしまえばそこまでの選手だ。しかし中には褒められても満足せず、さらに高いレベルを目指そうとする選手もいる。そういう選手には敢えて厳しい言葉を投げかける。真に一流と言えるような選手は、そうした非難を受け止めて、反省し、また向上しようとするからだ。

こうした考え方は、南海時代に自分が受けた扱いが影響しているのかもしれない。無視を乗り越え、賞賛を浴びるようになり、チームの主力選手になると最後は非難を浴びたが、そのことでくじけず選手生活を全うし、指導者としても一定の評価を受けるようになった。「無視」「賞賛」「非難」の三段階は、私の野球人生そのものだった。

意外なレギュラー獲得

自分なりに工夫した練習で、肩を強くして送球のコツを摑み捕手に復帰することができた。当時の捕手は、八番が定位置で、打撃のほうではほとんど期待されていなかった。例外的に、阪神タイガース、毎日オリオンズで活躍された土井垣武《どいがきたけし》さんが五番、六番に据わり「打てるキャッチャー」の先駆けとして君臨していた。小柄ながらガッツのある強肩、強打の捕手として、私の高校時代の憧れの存在でもあった。

しかし、我が南海を見ても、昭和二十年代に名捕手と言われた筒井敬三さんにしても、打率はよく打って二割二、三分がやっとだった。

その中で、二軍とはいえ三割をクリアした私の打撃は評価された。入団三年目の春、ハワイキャンプで認められ、シーズンが始まるとレギュラーで起用されるようになる。

ハワイキャンプはレギュラー捕手の松井さんが肩の故障で試合出場せず、二番手の小辻さんと私がキャッチャーとして競争となった。途中で飛行機に給油して、ホノルルまで行くのに十二時間もかかるような時代、ハワイは憧れの地だった。当然選手も観光気分になる。小辻さんもスター選手といっしょになって遊びまわり、あまり練習に身が入っていない様子だった。

毎日のように宿舎に地元の若い女性がやってきて、「ハーイ」と言って選手の名前を呼ぶ。こう派手にやられたのでは監督も示しがつかない。鶴岡一人監督は、小辻さんにチームメイトみんなの前で雷を落とし、叫んだ。

「おまえは日本に帰ったらクビじゃ‼」

「野村、いいから、おまえが試合に出ろ」

ブルペン捕手の「壁」のつもりで同行していた私に声がかかったのだ。

ハワイで対戦した地元のクラブチームは日本の二軍レベルだったので、アピールするにはうってつけだった。思った以上の打撃を見せることができた。帰国する出発前、ハワイの野球連盟主催の送別会では新人賞をもらうことができた。観光気分の選手が多く、鶴岡監督は「キャンプは失敗だった」とマスコミに対し苦い顔をしていたが、「しかし、たった一つ収穫があった。それは野村に使える目途がついたことだ」とキャンプを振り返った。

そんなこともあり、三年目のこの年は一二九試合に出て打率二割五分二厘、本塁打七本で、レギュラーへの足がかりを摑んだ。翌一九五七年には三割三十本塁打をクリアして、パ・リーグ本塁打王の初タイトルを掌中にし、私はチームの中軸打者になっていく。

ライバルのつまずきという幸運もあったが、もうひとつ、私は天の時とでも言うべきものにも恵まれた。当時の南海がチームカラーを大きく変えようとする変革の時だったのだ。それ以前の南海は、木塚さん、蔭山和夫さん、岡本伊佐美さん、飯田徳治さんなど「百万ドルの内野陣」と呼ばれた華麗な守備が売り物だった。先輩たちはみな、足も速く、機動力を生かした攻撃と守りで勝っていくチームだった。

ところが、ライバルの西鉄ライオンズは中西太、豊田泰光、大下弘といった大型打者を揃えた野武士野球で豪快に打ち勝つ試合を展開し、三年連続で日本一になった。

この西鉄に対抗するためには打線の大型化を図らなければならない。南海の鶴岡監督は穴吹義雄、寺田陽介、大沢啓二らに私を加えた大型選手を揃えた「四百フィート打線」を作る。その構想は長打のある私にとって好都合だった。南海が、依然として守りと機動力に依存するチームだったら、私がレギュラーを獲るのはもう少し遅くなっていたかもしれない。

レギュラーになって二、三年は打撃のほうに魅力を感じていたが、もちろん捕手の仕事は打つだけではない。盗塁の阻止や投手のリードが最も重要な仕事である。当時の捕手の役割は、まずなんといっても投手に気分よく投げてもらうことで、あとはきちんと捕球して盗塁を防げばだいたい合格といった評価だった。

しかし、私はそれだけでは満足できなかった。自分のサインで投手が投げたボールをものの見事に打ち返される。負けず嫌いなので、そういう場面が続くと悔しくてたまらない。ただ投手に気分よく投げさせるだけでなく、捕手として試合をコントロールし、投手の足りないところを補ってやるのが自分の仕事だ。捕手とは守りにおける監督である。試合の脚本家であり、投手の能力を引き出す演出家でなければならない。次第にそう考えるようになった。

負けた後など、指一本で試合が進んでいく恐ろしさに、野球をやるのが怖くなってきた時期があった。

試合をしっかりコントロールするためには、必須条件として投手の持ち球や調子を把握し、相手打者の長所、弱点を頭に置いてリードしなければならない。試合が終わると、宿舎で同じ部屋になることの多かったエースの杉浦忠とよく反省会を開いたものだ。なぜ、あそこで打たれたのか。どうしてストレートでなく変化球を使ったのか。材料はいくらでもあった。

しかし、正直に言うと、杉浦との反省会はあまり意味があるとは思えなかった。なぜなら、杉浦が投手としての理想をすべて持ち合わせた大投手だったからだ。極端に言えば、杉浦は一年に三十八勝もする投手だから、誰が受けても勝つことができる。これでは捕手としての楽しみも勉強になることも少ない。

南海には杉浦と同じ下手投げの皆川睦雄という投手がいた。私と同期の入団で、やはり三年目から頭角を現し、起用されるようになったが、エース杉浦と比べると球威はかなり落ちた。いわゆる技巧派である。少々のコントロールミスや配球の間違いも球威で抑えこんでしまうような投手ではなく、攻め方やコントロールを誤ると痛い目にあうタイプだった。こういう投手をリードすることこそ捕手の生きがいである。皆川も自分の長所を私がよく理解してくれると考えたのか、「野村のお陰だ」とよく礼を言われた。

皆川を受けていて、いつも一つだけ困っていたことがある。それは左の強打者を抑えられないことだ。張本勲、榎本喜八、ブルームといった当時の左の強打者連中にカモにされるのである。そこで彼に提案したのが、今で言うカットボールである。

私は、「シンカーとカーブだけで左の強打者を抑えるのは難しいよ」と切り出した。「左打者の胸元をえぐるような〝小さいスライダー〟を覚えないか」と提案すると、皆川は、「うん、やってみる」と言って取り組みだし、キャンプとオープン戦で完全にモノにした。

それ以来、皆川は左打者を苦もなく抑え、大きな自信を得て、持ち前の制球力を武器に一九六八年には、シーズン三十一勝で最多勝、最優秀防御率投手に輝いた。以後三十勝投手は誕生しておらず、「最後の三十勝投手」となった。こういう技巧派投手をリードして勝ったときは、ほんとうに捕手冥利に尽きた。杉浦には悪いが、こうした喜びは杉浦のときには味わうことができなかった。

同士

幸い私も打撃に自信がつき、三冠王を取れるまでになり、毎年打撃タイトルを争うような選手になっていたので、各チームの中軸打者の考え方もある程度想像がついた。一流打者ならこういう狙いをするだろう。だったらこっちはこう攻める。そういう打者の視点を導入して成果をあげたことで、捕手としての仕事が面白くなっていったのだ。

一流投手との対戦で学んだ読み、投手心理の把握もリードや配球に役に立った。中でも、ライバル西鉄のエース、稲尾和久との勝負は大きな財産になった。

稲尾は抜群のコントロールを誇っている上に、フォームのクセが読み取りにくい。同じエース級でも、他の球団の投手の中には変化球とストレートではっきり違いの出る、クセのわかりやすい投手がけっこういたのだが、稲尾はどうしても見破れない。そこで、私は十六ミリカメラなどを使って徹底的に投球フォームを分析し、ワインドアップのときのわずかな違いを発見して攻略の糸口を摑んだ。

だからといって、急に打てるようになったわけではない。当時の投手の中では、稲尾は打者心理をよく読み、その裏をかく投球をしてくる手ごわい相手だったのだ。

稲尾とはオールスターで何度もバッテリーを組んだが私のサイン通りに投げてくることはまずなかった。サイン通りに投げて、自分の球筋や配球の傾向を私に悟られるのが嫌だったのだ。

いずれにしても、稲尾との勝負は、私に本塁打とは違う野球の奥深さを教えてくれた。

捕手として試合をコントロールする面白さを知るようになった私が、不満だったのは、そうした役割があまり評価されなかったことだ。監督、コーチはもちろん、メディアも、捕手の役割、リードの大切さなどに目を向けることはあまりなかった。完封勝ちすれば投手に目を向け、本塁打で打ち勝てば打った打者だけに注目する。表面の出来事だけで野球の勝敗が決まるわけではないのに、ずいぶんと話を単純にするものだな。苦い思いを抱いたことも少なくない。

そんな時、心強く思えるような出会いがあった。森昌彦（現・祇晶）との出会いである。きっかけは、セ、パ両リーグの最高殊勲選手に贈られるヨーロッパ旅行だった。当時、優勝を果たした監督とMVP選手には、エール・フランスからのご褒美旅行があったのだ。しかし、優勝監督はたいがい遠慮して選手に譲るのが慣例だった。そんなこともあり、一九六五年のシーズン後のヨーロッパ旅行には、セ・リーグからはジャイアンツの宮田征典と森、パ・リーグからはホークスの私と杉浦が行くことになった。

旅先では宮田と杉浦は投手同士、私と森は捕手同士で話が弾んだ。

一九六〇年代から七〇年代にかけてのプロ野球は、川上哲治監督率いる読売ジャイアンツの全盛時代である。我が南海ホークスは、水原茂監督時代の巨人と戦って日本シリーズに勝ったことはあったが、川上監督になってからは四回対戦してついに一度も勝つことができなかった。

それでも戦いの中で、川上さんは私の捕手としてのプレーぶりを評価してくれていた。そして南海以外のチームと日本シリーズで対戦することになったある年、当時のレギュラー捕手で、川上さんの信望が厚い森を私のところに送り込んできたのだ。野村からパ・リーグの情報を聞き出せというのが森に与えられた使命だった。

森とはヨーロッパ旅行で親しくなり、それ以後も交流があったので、私は申し出を受けることにした。しかし、私もパ・リーグの一員だから、セ・リーグの巨人のためにおいそれと情報を渡すことはできない。森の情報収集は、思ったほどの成果をあげなかった。

だが、川上さんは、おそらくそうしたことは十分計算の上だったろう。同じ捕手で、年齢が近く似たタイプに見えた森と私をぶつけてみて、刺激を与えてみたいという考えがあったのではないだろうか。

私のところにやってきた森とは、夜を徹して野球談義にふけった。ポジションも同じ、経歴も高卒であまり期待されずに入団し、自力でレギュラーの座に這い上がったところは共通しており、虚心坦懐、話が合ったのだ。私たちはどんな話をしていても、最後は捕手の役割に話が行く。川上監督時代のジャイアンツは、長嶋茂雄と王貞治のいわゆるON砲に代表される打撃のチームで、南海の杉浦に匹敵するような大エースはいなかった。もちろん弱小とは言えなかったが、磐石でもない。そういう投手陣を率いて、森は苦労してきた。

もともと東大進学も夢ではない頭脳を持ちながら家庭の事情でプロ野球に身を投じた男である。ジャイアンツに入ってからも、三年先輩に藤尾茂さんという強肩強打のライバルがいた。緻密なリードを武器に、なんとかレギュラーをもぎ取り、後輩のライバルたちを蹴落としてきた森だが、チームへの貢献に比べて、スター選手ほどの評価はされていなかった。

「どうしてあの場面でああいう球を投げたがるのかな」

「打者のほうも、なんであんな待ち方をしているのか」

「ともかく野球を知らないヤツが多い」

いつもそんな結論に落ち着く。もっともっと捕手の仕事を知って、認めてもらいたい。それが私たちの願いだった。

日本シリーズの情報収集に私の話がどれだけ役に立ったかわからない。しかし、私のほうから言えば、森との付き合いが深まったことは大きな財産になった。自分とはタイプのまったく違う、だが、野球を深いところまで考えていることでは引けをとらない同世代の選手と知り合えたのは、刺激でもあり、向上心をかき立てられることでもあった。

名将・川上哲治

それにしても、森を私のところに送り込んできた川上さんは、改めて凄い監督だったと思う。当時、川上さんは確かまだ四十代半ばだったと思うが、すでに名将の風格があった。球界では、名将、名監督と讃えられる監督は少なくない。私は選手として、また監督として、そうした人たちと接し、勝負してきた。中には世間の評価と違う面を見せつけられて首を傾げたくなるような監督もいた。

その中で、川上さんは掛け値なしにナンバーワン、歴代最高の監督だと思う。川上さんは監督に必要と思われる要素をすべて持ち合わせていた。

選手に気分よくプレーさせることもできたし、一方で、情に流されず、厳しさを貫くこともできた。選手の評価も公平で、あまり日の当たらないところに注目して、地味な貢献を認める目の確かさもあった。二〇〇九年の秋に亡くなったV9時代の二塁手、土井正三は、入団当初は非力で使いものにならないと言われたが、川上さんはONにつなぐ二番打者という役割を与え、一流選手に仕立て上げた。

スター選手だからといって特別扱いすることもない。川上時代の一番のスター選手は、言うまでもなく長嶋茂雄だったが、その長嶋でさえ、ミーティングの時にメモをとらなかったというので叱責されたことがあるという。相手投手の出来があまりにいいので、「今日は打てないや」とベンチでつぶやいた長嶋に対して、「お前にはあの投手を打つだけの給料を払っているんだぞ」とたしなめたという話もある。今の私のような年齢の監督が、二十代の選手をたしなめるのとは意味が違う。川上さんと長嶋は十歳ほどしか離れていない。年齢から言えば、兄貴のような立場である。

今の四十代の監督で、チーム一の高給取りに対して、それだけの厳しさで臨める者が何人いるだろう。

長嶋と王が揃った巨人は九連覇を達成した。あれだけのメンバーが揃ったら誰でも優勝できる、などという人がいる。しかし、それは大きな間違いだ。一度でも優勝したチームはかならず気の緩みが出る。どんなに戒めてもそうなる。組織として勝ち続けるのは容易なことではない。私も監督としてリーグの連覇を果たしたことはあるが、日本シリーズを続けて勝ったことはまだない。それを九年も続けてやってのけたのだから、川上さんの、監督としての凄さがわかる。

今から考えれば、私や森が考える野球を標榜して、野球界に捕手の革命を起こそう、と話し合っていたことも、川上さんはお見通しだったのかもしれない。

三大監督

川上さんのような監督はそう何人も現れるわけではない。私の目標であり、鑑である。到底、川上さんの域に達することはできない。

川上さんよりひと世代上には三大監督と呼ばれる人たちがいた。川上さんの前の巨人の監督でのちに東映フライヤーズ、中日ドラゴンズでも監督をされた水原茂さん、西鉄を率いて日本シリーズ三連覇を果たし、大洋ホエールズでも日本一になった三原脩さん、私のいた南海の鶴岡一人監督の三人である。

このうち、今の野球ファンにあまりインパクトとして高くないのが水原さんではないだろうか。水原さんは三原さんのように奇策を用いたり、鶴岡さんのように親分肌で、よく言えば人情味のある、悪く言えば感情に左右されるような采配をふるうことはなかった。水原さんが率いた頃の巨人は、川上、千葉茂、別所毅彦、といったベテランの名選手が揃っており、戦力でも他を圧倒していた。だから、監督として派手な手腕を見せる必要もなかった。加えて、三原さんの西鉄に三年続けて日本シリーズで敗れたこともあって、ほかのふたりに比べると、少し忘れられたような形になっているのだろう。

しかし、私は水原さんも自他共に認める名監督だったと思う。一騎当千のつわもの、ベテランの揃ったチームをまとめるのは並大抵のことではない。私も南海の捕手兼任監督時代に、江夏豊、江本孟紀、門田博光のような個性派と付き合ったので、その苦労がよくわかる。頭ごなしに厳しくやってもそっぽを向かれるし、放任ではチームはまとまらない。水原監督はそのあたりのバランスの取り方が絶妙だった。のちに東映フライヤーズに移り、そこでも張本勲、土橋正幸といった暴れん坊たちをうまくまとめて日本一に導いたのも、水原さんならではの仕事だった。

日本で最初にブロックサインを取り入れたり、投手に合わせて打線を組み替えるツー・プラトン・システムを取り入れたのも水原さんが最初だった。

ただ、日本シリーズで西鉄と南海に四年続けて敗れたのでもわかるように、どこか詰めの甘いところがあった。水原さんはファッションにもうるさい、なかなかのダンディで、交際範囲も広く、政治家や芸能人などと話をしていても違和感のない人だった。そうした華やかさは、ともすればチームに緩んだ空気をもたらす。詰めの甘さはそうしたことと関係があったのではないか。

水原さんに限らず、三大監督と言われるような人でも、「これは」と首を傾げたくなることはしばしばあった。

どんな名監督でも独善に陥る危険は抱えている。逆に言えば、実績を少しぐらい積み上げたところで、時代の流れを読み、指導者として自分自身を革新していかなければ時代から取り残され、名前だけの名将になって忘れられてしまう。

私は今年、監督通算千五百勝を達成した。もちろん、その記録は誇りに思うが、それと同じくらい誇っているのは千五百敗を記録したことだ。選手として前人未到の三千試合出場を果たし、監督として三千試合以上を戦うことができた証である。選手、監督として三千試合を記録したのは、日米を通じて史上初だという。私は選手たちには、「失敗と書いて成功」と読ませてきた。この歴代一位の敗戦数が私を鍛え、革新し、七十四歳まで監督としてユニフォームを着させてもらった原動力だったといっても過言ではない。

監督の眼

日本のプロ野球は長い間、頭脳の要素をないがしろにしてきた。体力、身体能力の足りない部分は精神力で補え、というのが伝統的な考え方だった。こうした精神主義の伝統は未だに残っているが、以前はもっと酷《ひど》かった。

南海で名将と謳《うた》われた鶴岡監督などは、私から見ると、精神野球の権化みたいな方だった。真剣の上を素足で渡るような練習をする、名門・広島商業の出身ということもあり、常に「気合だ、根性だ！」と強調した。

私がカーブのサインを出して投手が打たれる。ベンチに戻ると鶴岡さんが尋ねる。

「さっきは何のサイン出したんや」

「はあ、カーブです」

「バカタレ！」

あの打者にカーブは駄目なのかと思い、次はストレートを投げさせる。また打たれる。

「今度は何のサインを出したんや」

「ストレートです」

「バカタレ！」

なぜ駄目なのか、根拠は全く教えてくれない。どうしたらいいかわからず、ほんとうに途方に暮れたものだ。

勝負の世界で精神力、気合が大事なことは私も理解している。しかし、根拠を示さずに結果だけで良し悪しを判断するのは、昔から納得できなかった。少なくとも、自分が捕手をやるときは、結果は別にして根拠のあるサインを出そう。そう決意してやっていた。

のちに監督になって、キャッチャーを使うようになっても、結果だけで頭ごなしにどやしつけるようなことはしなかった。なぜそういう配球をしたのか、どうしてそういう読みをしたのか、打者分析をしたのか、そのプロセスを訊き、どこが違っているか、きちんと説明するように心がけた。「根拠のないサインを出すな。よく打者観察をしろ、洞察しろ」と罵ったものだ。

根性野球、精神野球の伝統は今も根強い。二〇〇八年の北京オリンピックで惨敗した日本代表チームは、大会を振り返り、「選手の気持ちの弱さが一番の敗因」と総括したそうだ。

しかし、すべてを気持ちの問題に帰してしまっては、何の進歩もない。「相手チームの戦力分析」はどうだったのか、「事前のデータを実戦で生かしきっていたのか」、「選手起用の根拠」、「戦況がどう士気に影響したのか」、「状況の変化への対応とその準備」はできていたのか、「相手監督の作戦傾向をどう読んだのか」、「コンディション把握は十分だったのか」、あるいは「球場や環境の状態はどう影響したのか」、といったさまざまな角度からの分析が必要なのではないか。

私は北京五輪後、投手出身の星野仙一日本代表監督の采配は視野が狭い、と断じた。彼の野球観の根底にあるのは、気合や根性を重く見る精神野球だ。明治大学の島岡吉郎監督直伝の人間力野球の影響が大きい。唯我独尊《ゆいがどくそん》の投手出身監督にありがちな気質が多分にある。四百勝投手の金田正一さんの野球観に似ている。スコアラーを総動員して臨んだはずの国際大会で、データを集めるだけ集めても、それを生かしきった采配には見えなかった。

もうひとつの敗因は、首脳陣の人事。田淵幸一、山本浩二らと「お友達内閣」を組閣したことは致命的だっだ。昨今の政治状況と同様である。特に、ヘッドコーチの役割は、参謀である。監督に言いたいことを言って嫌われるくらいの存在でないと務まらない。それを嫌がる監督では、リーダー失格である。

見えない戦況を冷静に見る眼、実戦における眼の付けどころ、といった視点は、データ分析の緻密になった現代野球でますます重要になってきている。どんな選手でも、技術力には所詮、限界がある。打率四割に手が届く打者はいないのである。天才と言われるイチローでも四割打者になるのは極めて困難である。つまり、野球は六割以上、イチローを打ち取れる可能性がある、確率のスポーツなのだ。

私が監督として、常々選手たちに言うのは、「無形の力」を養え、ということである。見えないものが見えるかどうかで、その選手の野球人生は必ず変わる。見えなければ感じろ、状況の変化を読み、打者分析、投手分析をし、相手の心理を見抜け！と指示してきた。

こうした思考は、監督のみならず野球選手全員が取り組まなければならない課題だ。言わば、捕手の視点を持つことが現代野球には、求められているのだ。

その点で、私が現役監督の中で認めるのは、中日ドラゴンズの落合博満監督である。彼は、社会や野球界の通念からすれば変人かもしれないが、野球観は深い。眼の付けどころがいい。凡人に見えない何かが見えている。選手時代に三冠王を三回獲った実績もさることながら、選手育成の点でも、荒木雅博、井端弘和、森野将彦らを我慢して使い、一流プレーヤーに育てたことは評価できる。特に、井端は私が少年野球の監督時代に見ていてよく知っている。非力だったのでプロではどうかなと思っていたが、球界屈指の内野手に育てた落合の手腕は大きい。

また、常に優勝争いを続けるチーム編成と変革に余念がない。中日のエース川上憲伸がメジャーに移籍し、四番打者のタイロン・ウッズが退団して迎えた二〇〇九年のオープン戦の時だった。落合は私に「最高のチームができました」と述べた。スター選手が去り、自分が育てた選手だけで戦えるほうが勝つためには望ましいというのだ。横で話を聞いていた中日の森繁和投手コーチが何とも言えない表情をしていたのが印象的だった。

ただ、落合のマスコミ嫌いは、いけない。番記者たちに、「おまえらに言ってもわからないから」と監督インタビューを拒否する態度は、改めるべきだ。わからなければ、わかるように説明すべき責任がリーダーにはある。マスコミ対応は、監督業の重要な責務だ。誰のお陰で野球ができるのかを考えれば賢い態度ではない。ファンあってこそのプロ野球である。チームを預かる者として、ファンに向けた言葉を発信するのは当然だろう。

ノムラの考え

私の心がけたキャッチャー革命は、日本球界に未だに残る行き過ぎた精神主義、根性野球に一石を投じ、考えるスポーツとしての野球を一般の人に訴える上で、少しは役立ってきたのではないかと思う。

例えば、私は長いこと、日本シリーズの時、スポーツ紙に観戦記を執筆させてもらっている。「ノムラの考え」と題するこの評論は幸い好評で、お陰で毎年、第一戦のプレーボールから第七戦のゲームセットまでしっかり見る羽目になった。

この連載をはじめたとき、私は自分で書きながら、一般の人には少し内容が難しいかもしれないと思った。捕手の視点に立って、一球の重さを強調するような観戦記は、結果論と自分の体験に頼ったそれまでの評論に比べて異色に思えたからだ。

ところがいざ掲載してみると、予想以上の反響があったらしく、現在まで続くことになった。これは、ファンの方たちが、試合結果の表面的な印象を語る戦評に飽き足らず、深い見方を望んでいたことが大きい。と同時に、長い間強調してきた「ノムラの考え」という私独自の視点が、一般の人たちの中に定着したのだということを示しているのではないだろうか。

捕手が重要な役割を持っていること、野球は身体能力だけでなく、頭脳の戦いであることを長い間強調してきたが、それが一般の方にも定着してきたのだ。

捕手の最大の育成の場は日本シリーズである。一球たりとも気を抜けない短期決戦で、根拠のないサインを出した捕手は敗北する。「捕手が監督の分身である」所以はそこにある。

二〇〇九年の巨人対北海道日本ハムの日本シリーズで、私は久しぶりに見た巨人・阿部慎之助のリードに大きな成長の跡を感じた。

最終の第六戦の五回一死二塁の場面で、クリンナップの三番・稲葉篤紀、四番高橋信二を連続して見逃し三振に打ち取った配球には、「勝負の根拠」が象徴的に表れていた。

阿部が巧みだったのは、フルカウントから直球を選んだ根拠にある。それは稲葉、高橋を2―2に追い込んでからの内角直球への打者の反応を見抜いた結果である。強打者は、内角直球を捨て球に使われると、「もう、真っすぐはこない」と変化球への対応にシフトする。阿部はその打者心理を逆手にとって勝負球に直球を選択した。

一球一球のスリリングな駆け引きを期待した私にとって、日本シリーズらしい最大の見せ場だった。巨人にとり正捕手・阿部の真の成長が、七年ぶりの日本一をもたらした瞬間だった。

二〇〇九年のシーズンにおいて、楽天は悲願のクライマックスシリーズ進出を遂げたように、チームとしての勝利への連帯感が生まれだした。ようやく私の野球観が浸透し始めた。これには、脇役たちの活躍がある。首位打者を獲得し今年ブレイクした鉄平などがその代表格である。中日からトレードで楽天に移籍してきた無口な男だが、彼ほど努力を惜しまない選手はいない。球団新記録の24試合連続安打をマークするなど、楽天快進撃の立て役者となった。ただし、注文をつけるとしたら、バッティングにつぎ込んでいるエネルギーを守備、走塁にも向けてほしいことだ。

私の理想が高過ぎるのかもしれないが、この世界は一切の妥協は許されない。私は自分が進めてきた捕手革命のような視点に立ち、頭を使ってプレーする選手を数多く残すのが監督の仕事だと考えてきた。楽天のユニフォームを脱いだ今も、その考えは変わらない。

若い頃、杉浦のような大エースをリードするよりも、二流の投手をリードすることにやりがいを感じた私である。ファンの期待に応える意味でも、与えられた時間の中で、私の思想・哲学を定着させ、チームの柱になるような選手を育てるのが、私の大きな仕事になると思って監督業をやってきた。

第二章

敵を知り、己を知る

リーダーの資質

二〇〇八年のシーズン、忘れられない一局面があった。

山﨑武司はオリックスを解雇され、最後の働き場所として楽天にやってきた選手である。オリックスの前の中日時代は、松井秀喜と争って本塁打王にもなったこともあり、長打力は一流だったが、それも徐々に衰え、オリックスの最後は控えに回ることが多かった。

楽天は長距離砲の少ないチームなので、私は山﨑に出場機会を与えた。最初の年は本塁打二十五本、次の年は十九本とまずまず期待に応えてくれ、三年目の二〇〇七年は自己最高記録を更新する四十三本塁打を放ち、打点王と合わせてパ・リーグ二冠王に輝いた。

本人は私の下でプレーして、野球観が変わったというような意味の話をしているし、ただ打つだけではなく、若い選手の鑑になるようなリーダーシップも持っているので、もしかしたら将来は指導者に向いているのではないか、と私は密かに期待していた。

しかし、二〇〇八年シーズンのあるプレーを見て、指導者になるにはまだまだ努力が必要だと感じさせられた。

試合は楽天の本拠地Kスタ宮城で行われた千葉ロッテ戦。三点リードされた最終回だったが、山﨑が先頭打者として打席に入った。なぜか相手チームの抑え投手は、コントロールを乱し、ボールが続く。全くストライクが入る気配がない。フォアボールでも何でもいい、塁に出てくれと私は思った。カウントが0―2になったとき、楽天の橋上秀樹ヘッドコーチが私を見て、「待て、のサインを出しましょうか」と訊いてきた。セオリーから言えば、サインを出してもよい場面である。しかし私はサインを出さなかった。山﨑の自主性に任せたのだ。

得点差やイニングを考え、ほんとうに勝ちたいという気持ちがあれば、「待て」のサインを出さなくても当然、待つだろう。四十歳のベテランならそれぐらいの判断はできるはずだ。

0―2だからストライクが来る可能性は高い。しかし、その球を打ってソロ本塁打にしたところで、相手にとってはあまり痛くない。敵を苦しめるのは走者をためることなのだ。しかも、コントロールを乱している相手は、ボールを投げてくる可能性が高い。四球を選べばチャンスは大きく膨らむ。

ところが山﨑は次の投球を振って出て、ファウルにしてしまった。投手は、待たれることが嫌な場面もあるのだ。ストライクを取った相手は胸を撫で下ろし、結局、その打席の山﨑は凡打に打ち取られてしまった。

私は愕然とした。

もし山﨑がチームの勝利を最優先に考えていたら、おそらく私が期待したように0―2から打って出るようなことはなかったろう。振って出たのは打率をあげたい、ホームランを打ちたいという個人記録が先に立ってしまったと判断されても仕方がない。

そのとき、私のリーダーとしての力量のなさだと感じた。まだまた野村イズムがチームに浸透していないなあと実感した。「自主性」と「強制」の判断力は、チームの教育と指示から生まれるものであり、選手が判断に迷っていると見たときに、「強制」か「自主性」に任せるかは、監督の指示が必要となる。

山﨑だけを責めるわけにはいかない。はっきり「待て」のサインを出さなかった監督の私にも非はある。ただ、そこまでサインで指示を出すというのは、将来、指導者になれるかもしれないと期待をかけている選手の成長を妨げてしまうのではないか。私はそのあと何度も自問自答してみたが、未だにどうすればよかったか、結論は出ない。

もし私が現役時代、山﨑の立場だったら、とても打ちには行けないケースだった。人情として打てない。チームの勝利を優先に考えるベテランなら自主的に自己犠牲を払う。そういうリーダーの姿勢がチームの信頼感を得る。「勝とうぜ」という士気を高める。そういう姿勢を山﨑に見せて欲しかったのだ。

山﨑の資質を試した私が悪かったのではないか。「待て」のサインを出すべきだったのか、と私は悔んだ。

同じ負けでも、相手を苦しめて負けたかどうか、意味が違ってくる試合だった。「負けに不思議の負けなし」と常々言っているが、この場面で、私はさまざまな思考と反省が残った。チームの力、指導者としての私の力が問われる象徴的な試合だった。

ID野球の神髄

山﨑は二冠王のタイトルを獲ったような打者だし、二〇〇九年のシーズンは門田博光を超える年齢別最多本塁打の記録を樹立した。私は、「山﨑はサムライだ」とコメントした。不惑にしては、打球が若い。五十歳まで打てるのではないかと思わせるパワーヒッターである。

山﨑は情に厚い男でもある。私が楽天監督に就任した当初は、「理論派の監督とはソリが合わないのではないか」と誤解していたようだが、「オリックスをクビになって悔しいか。見返してやれ」のひと言に私の真意が伝わったようである。山﨑は試合中に歯を出して笑う若手に、「何を笑っているんだ！」と喝を入れることがあった。中心選手としての意識が備わってきたのだ。昨年の一打席について厳しい指摘をしたのは、指揮官として山﨑を信頼していたからこそである。

また、打撃面では「この歳になって毎日が発見だ」と山﨑本人が言うように、私が指摘するデータの「読み」を打席に生かせるようになった。ある試合では、変化球で打ち取られた山﨑に私は、「もっと自惚れろ。あの状況でおまえにストレートが来るわけがないだろ」とアドバイスした。

山﨑はバッテリーの配球などをうるさく言う私の下で四年もプレーしているので、球種の読みなども優れている。おそらく打って出た場面も、バッテリーの配球を読んで、打てると確信があったのだろう。凡打を責めるのは結果論だ。小さな戦術面から言えば、打って出たのも間違いではないかもしれない。しかし問題なのは、大きな当たりを打ちたい、個人成績をあげたいという小さな欲に負けて、野球で最も大事なチームの勝利を忘れてしまったことである。配球の読みやその裏づけになるデータの収集は、なにも個人記録を上げるためにあるのではない。あくまでも、チームの勝利に貢献するためにある。リーダーとは、そのことをいつも肝に銘じておかなければならない。

私がヤクルト監督として九年間、ＩＤ（Ｉｍｐｏｒｔ Ｄａｔａ）野球を掲げて戦ったことは、ある意味では野球の革命だったかもしれない。少なくとも前例はなかった。それだけに最初の頃は選手に戸惑いもあったし、批判の声もよく聞いた。一番よく耳にしたのは「ＩＤ野球は冷たい、情に欠ける」という批判だった。

データが絶対ではない。あくまで参考資料にすぎないのである。

情報だとかデータだとか言うと、まるでコンピュータが作戦を決め、人間はそれにしたがっているだけといった単純なイメージを抱く人が少なくない。特に野球界はそうした古い体質が残っていた。だから「ＩＤは冷たい」との批判も起ったのだろう。

しかし情報を重視することと、選手の心情を考慮したり、温情をかけたりすることはけっして矛盾しない。立派に両立する。

私がヤクルトではじめてリーグ優勝を果たしたのは一九九二年である。この年のセ・リーグは史上まれに見る混戦で、どのチームが優勝してもおかしくなかった。その中でヤクルトは、七月にいったん首位に立ったものの、九月になると九連敗を喫して首位を明け渡した。勝負どころの九月に九連敗するようなチームが優勝することはまずない。選手は自信を失い、再び首位を奪い返す闘争心も消えかけているように見えた。

こういうときには、理詰めで打開策を説くだけでなく、先進的なカンフル剤が必要だ。私がカンフル剤の役割を託したのは荒木大輔だった。

荒木は甲子園のスターとして大きな注目を集めて入団し、入団五年目に二ケタ勝利を挙げたものの、その後は故障が重なって長く戦列を離れていた。ひじを二度手術し、ほかに椎間板ヘルニアもやって、一軍のマウンドからは四年も遠ざかっている。だが、根気強いリハビリが実り、この年の夏、二軍での登板を果たしていた。二軍で徐々に調子が上がっていると聞いた私は、連敗のあと、荒木を一軍に上げることにした。連投が利くわけでもないし、一試合任せられるほどの力も戻ってはいない。だが苦しいリハビリから這い上がった荒木の精神力は、苦境にあるチームにかならずよい影響を及ぼすと考えたのだ。

阪神タイガースとの首位攻防のデッドヒートが続く十月三日の中日戦で、私は荒木を先発させた。本人は「ぼくでいいんですか」といったような顔をした。まさかシーズン終盤のこの大事な局面で、自分が先発するとは考えもしなかったのだろう。

「この試合はおまえに任せた」

私はそういって荒木をマウンドに送った。

俗にいう「地獄を見てきた男」は度胸が据わっていた。思いきりのよい投球で中日打線を七回無失点に抑えきった。打線も荒木の奮闘に刺激されてよく打ち、この試合は快勝だった。

試合のあと、インタビューで、荒木が「打たれたら使ったほうが悪いと考えて投げました」と答えているのを聞いて、私は荒木を起用したのはやはり正しかったとあらためて思った。

荒木の好投はただ投手が一枚増えたというだけにとどまらなかった。四年も一軍の勝利から遠ざかっている選手が、優勝争いの大事な場面で平然と自分らしい投球を見せる。その精神力の強さは確実にチームを揺すぶり、落ちかけていた士気を高めた。この年の荒木の勝ち星はわずか二勝だけだったが、もたらしたものは十勝に値した。

もしＩＤ野球が冷たい数字で割り切るだけのものだったら、荒木を起用するようなことは絶対になかったろう。情報、データは、それを生かす選手の心情、心の動きを把握して活用すべきものなのだ。

私は二〇〇八年に二十一勝して、ＷＢＣでも大活躍した楽天のエース、岩隈久志にしばしば苦言を呈してきた。メディアもファンも賞賛する中で、あえて苦言を呈してきたのは、なにも個人的に嫌っているからではない。岩隈は、今や誰もが認める楽天のエースである。そのエースが無失点に抑えていながら簡単にマウンドを降りたり、イニングや投球数に限界があるといったことを自ら口にすることは、他の選手、特に若い投手に与える影響が大きい。岩隈がそうだというのではないが、そうした言動を見て、「チームの成績に関係なく我が身大事で長くプレーできれば十分」といった間違った考えを若い選手が持ってしまうことを怖れるのだ。

長いシーズンを考え、データを勘案すれば、肘に爆弾を抱える岩隈は完投など目標にせず投げたほうがいいのかもしれない。私も文句は言うが、ほとんどの場合、彼の申し出を受け容れ、好投しても交代させてきた。しかし、時には「情報、何するものぞ」と、激しい闘志をむき出しにして、エースのエースたる絶対的存在感で相手を威圧する、相手を抑え込む姿をもっと見せて欲しいと願っていたのも事実だ。

私のこうした苦言が多少効いたのか、二〇〇九年の後半戦から岩隅は、以前に比べ完投試合が圧倒的に多くなった。その姿勢が田中将大、永井怜などの若い投手に刺激を与えたことは言うまでもない。

大魔神とデータ

私がヤクルトの監督時代、ＩＤ野球を掲げて戦ったとき、「野球にデータなんて関係ない」と真っ向から異を唱えた選手がいた。大魔神と呼ばれた元横浜ベイスターズの佐々木主浩《かづひろ》である。たいした実績もない選手が言うのなら説得力はないが、佐々木は何年も続けてセーブ王を獲り、横浜の日本一にも貢献した有数のクローザーである。ヤクルト監督時代、私も佐々木攻略には手を焼いた。

私は彼が「データなんて関係ない」と言い放ったとき、あえて反論しなかった。同感だったからではもちろんない。彼のような力のある投手が、そう考えるのは不自然ではないからだ。

佐々木は大きく落ちるフォークボールを持っている。これだけでも厄介なのに、全盛期には優に１５０㎞を超えるストレートも投げた。しかも彼は抑え役だから、投げるのはワンイニングだけである。たったワンイニング投げるだけだから、ストレートの力が落ちることはないし、握力が落ちてフォークが抜けてしまう心配もほとんどない。圧倒的な力があったので、配球や相手打者のデータなど細かいことを考える必要はなかったのだ。

その佐々木は、横浜からメジャーに行き、四シーズンプレーして、また横浜に戻ってきた。戻ってきたときのコメントを、私は今でも印象深く覚えている。

「メジャーはともかくデータ、データで凄かったわ」

これを聞いて、私は、ようやく大魔神もデータ分析というものの本質、データの生かし方がわかってきたなと思った。日本では圧倒的だった彼の力も、メジャーに行けば傑出していたわけではない。あれぐらいのストレートを投げる投手はぞろぞろいるし、打者のパワーもだいぶ違う。日本で五十本の本塁打を打った松井秀喜が中距離打者としか見られていないのを思えば、その差がわかる。

メジャーは確かにデータ収集に熱心だ。しかし、日本だって今はメジャーに劣らないほど詳細にデータを集める。佐々木は横浜にいた頃は、集めたデータに頼る必要がなかった。だから「野球にデータは要らない」と言い放つことができた。だがメジャーでは平均より上ぐらいの力では、データにも頼らないと打者を抑えることはできない。メジャーがうるさく「データ、データ」と言ったというよりも、自分からデータを求めたというのが実際のところだろう。

佐々木は身体能力の違うところに行ってデータの重要性を知った。しかし、ずっと日本にいる選手でも、いつまでも同じ速さの球を投げられるわけではない。衰えだってやってくる。以前は自分の力だけで抑えることができたが、やがてはデータも駆使しなければならなくなる。ひとつの試合の中での「臨機応変」な戦術も重要だが、ひとりの選手生活の中での臨機応変な変革もまた重要なのだ。

江夏の一球

江夏豊も佐々木と同じように、選手生活の途中でデータの重要性、〈相手打者中心の配球〉の必要性に気づいたひとりだ。

阪神時代の江夏は、王貞治との名勝負を繰り広げ、奪三振王として君臨し、快速球と抜群のコントロールで打者を抑え込む本格派の先発投手だった。投球でドラマをつくれる男だった。しかし、南海との間でトレード話が持ち上がった頃は、ストレートの球威も落ち、以前ほど三振を奪うことができなくなっていた。

トレードが正式にまとまる前、私は江夏とホテルで食事をすることになった。私とすれば、少々衰えたりとはいえ、江夏は絶対に欲しい選手である。ただ、江夏の個性的な性格は耳にしていた。投手は江夏に限らず、唯我独尊、自ら恃《たの》むところが強い、簡単に言えばへそ曲がりが多い。下手にお世辞を言って、「南海に来てくれ」「君が必要だ」などとこちらから頭を下げて口説いたのでは、かえって来てくれないだろう。

私は小細工は弄《ろう》さず、野球の話で押してみようと考えた。少し前に見た江夏の投球で気になることがあったので、それについて訊いてみることにした。江夏がどんな野球観の持ち主か、それで見極めがつくかもしれない、という気持ちもあった。

「あの時、意識してボールを放っただろう」

私はあいさつもそこそこにそう切り出した。「あの時のボール」というのは、その年のシーズン末、江夏が阪神で最後の勝ち星をあげた広島戦で、衣笠祥雄に投げた一球のことだった。私はその試合をたまたまテレビで見ていたのだ。

江夏はリードしていた七回に、一死満塁で衣笠を迎えた。カウントは2―3。普通なら目をつぶって真ん中にストライクを投げたい場面である。しかし江夏は外角高めにボール球を投げ、それで衣笠をものの見事に空振りに打ち取ってピンチを切り抜けた。

表面的にはボールに手を出した衣笠が悪いということになるが、私は江夏がどうしても意図して、空振りゾーン目掛けてボール球のストレートを投球したように見えて仕方がなかった。江夏のように抜群のコントロールを誇り、キャリアも勝負度胸も十分な投手が、ピンチに動揺してくそボールを投げるはずがない。きっと強振してくることを確信して、わざとボールを投げたに違いない。

私はそのことを確かめるため、ぶしつけな質問を投げかけてみたのである。反骨心が旺盛で、野球の知識にかけては一家言ありそうな江夏だったら、この話に乗ってくるかもしれないと思ったのだ。

突然具体的な配球の意図を質問された江夏は、ちょっと驚いたようだった。意識してカウント2—3から絶対振ってくるという確信をもってボール球を放ったことは、二度あるという。私を普通の監督と違うと考えたようで、野球の話には積極的に口を開いた。二時間あまりも話したのではなかったろうか。

また、「わしは身体がボロボロになっても、ヒットが打てる間は野球をするんだ」という私の言葉を江夏は新鮮に聞いたようだ。

後に知るが、阪神から南海へのトレードに苦悩していた江夏は、なぜ私が「南海に来てくれ」とひと言も言わなかったのか不思議に思ったそうだ。そして自分の「あの一球」を見抜いた野村監督と野球がしたい。野村さんという人は面白い、と思ったという。

江夏は南海時代に、左腕の血行障害が悪化して、長いイニングを投げられなくなった。そこで私はリリーフへの転向を再三、勧め、「リリーフの分野で革命を起こしてみんか」のひと言についに、彼も決断してくれた。伝説的な「江夏の21球」については、改めて繰り返すまでもないだろう。

リリーフに転向した江夏は、投手中心のリードでは抑えるには限界があった。彼の能力、正確なコントロール、野球に関する知識、いわゆる野球頭脳の優秀さを生かしながら、相手打者の弱点を攻めるといった複合的なリードをしなければならない。キャッチャーの立場からすれば、剛速球で相手をきりきり舞いさせた頃の江夏をリードするのは特に楽しくはなかったろうが、南海に来た江夏をリリーフエースとして蘇生させることは、捕手兼任監督の私にとってやりがいのあることだった。

打者にはここに投げればゴロになる、ここに投げればファウルになる、あるいは空振りするといったゾーンがある。そのゾーンはひとりひとり異なる。江夏が衣笠に投げた外角高めへのボール球に話を戻せば、江夏が投げたゾーンは衣笠の「空振りゾーン」だったのだ。しかし、いつでもそこに投げれば空振りしてくれるというものでもない。満塁で2—3というカウント、しかも安打が出れば逆転するといった状況だからこそ振ってくる確率がより高くなる。逆にストライクを投げれば痛打される危険性が高い。そこまで計算した上で、空振りゾーンにボール球を投げたのだと考えられる。江夏の野球頭脳ならそこまで考えることができるはずだ。

二時間あまり話をしてみて、私は江夏の優れた野球頭脳を確認できた。それがあったから、南海で投手中心の配球から抜け出し、リリーフとして成功することができたのだ。

エサを撒け

今の若い投手は、よほど自分のことが好きなようで、口を開くと「自分の投球ができれば」という。「自分の投球ができれば結果は関係ない」なんてことを、平気で口にする。自分らしい投球をすることは確かに大切だ。しかし、自分流の投球をすれば必ず抑えられるほどプロの打者は甘くない。現代野球は打高投低の傾向が顕著で、黙っていては、投手力は打撃力を上回れないのだ。

佐々木や江夏の全盛期のように、自分の投球、捕手から見れば〈味方投手中心の配球〉をして痛い目にあう心配のない本格派の速球投手は数えるほどだ。私が半世紀以上に及ぶ野球人生の中で対戦したり監督として見てきた中で言うと、金田正一、稲尾和久、杉浦忠、江夏豊、鈴木啓示、野茂英雄といったところだろう。現役で言えば、ダルビッシュ有、絶好調の時の岩隈久志ぐらいか。その時代にひとりかふたりで、多くの投手は「己の投球」だけでは勝てない。

二〇〇八年の日本シリーズ第一戦は埼玉西武ライオンズが巨人のエース、上原浩治（現オリオールズ）から二本のソロホーマーを打って勝った。上原の失点は、この二点だけだったので、投手の責任にするのは気の毒な気もするが、エースである以上、「仕方がない」では済まされない。

私は観戦していて、二本の本塁打のうち、西武の後藤武敏に打たれた一本は、上原と鶴岡一成の配球に問題があったように見えた。

上原の「上原らしい投球」は、速いテンポでストレートとフォークをコントロールよく投げ込む投球である。ひとつひとつのボールの威力はそれほどでもないが、打者に考える余裕を与えず、コントロールよく投げ込まれるので、つい引き込まれるように凡打してしまうのだ。

しかし、後藤の本塁打は、外角に二球続けたストレートを打たれたものだった。打たれたボールは確かに少し甘いコースだった。だが、外角のストレートを続けたこと自体は間違ってはいない。私の打者分類からすれば、後藤は基本的にストレートを待って変化球にも対応しようとするA型の打者である。そういう打者に初球、ストレートが来れば、打者は次は変化球ではないかと考える。その裏をかく形でストレートを投げるのは間違ってはいない。

配球術の一つにピンチや強打者を迎えた際には、最低4球を投じて料理せよ、という持論が私にはある。つまり、ストライクばかり投じないことである。打者は誰しもボール球に手を出さないよう選球眼を磨くことを心がけているものだ。配球とは、カウント球、誘い球、勝負球の使い分けなのである。

問題はそれ以前の打席にある。上原は、中島裕之、中村剛也といった一発のある中心打者には最初の打席から内角にストレートを見せて意識させ、打ち取っていた。しかし、後藤には内角は使わなかった。もし内角を意識させていれば、本塁打を打たれたストレートもそれほど甘く感じられることはなかったろう。外角を広く見せるためにも、内角意識をなんとか高める努力をしておけば、少々甘いストレートでも、簡単に外野席に運ばれることはなかったかもしれない。

配球、組み立ては、ひとつの打席単独で決まってくるものではない。同じ打者にいつも同じ配球をしていたのでは、当然つけ込まれる。仮に外のスライダーが苦手な打者で、最後はその球で打ち取ろうと考えていても、そこに至るプロセスは無数にある。ただ気持ちよく「自分の投球」をしてさえいれば、結果はついてくるといった考えでは、プロでの成功はおぼつかない。

清原の打撃心理

二〇〇八年シーズンで引退した清原和博は、大打者と言っていい実績を残した打者である。立派な成績だったと言えるが、彼が持っている肉体的資質から考えると、やや物足りない面がある。それは、彼が捕手から見ると打者心理を読み取りやすい、もっと言えば、打席であまり考えていないことがわかる打者だったからだ。

打者共通の課題に、「変化球への対応」というのがある。

私は著書やインタビューの中で、打者を攻略する際、その打者のタイプを分類して、バッテリーはそこから配球を組み立てなければならないことを強調してきた。打者のタイプは大きくA型からD型の四つに分類できる。ただし、これは基本的なタイプで、各打者はカウントによって、投手によって、あるいは試合状況によって次の四つの型を応用して使い分けているのである。外国人選手はA型から始まって、追い込まれるとD型に変わるケースが多い。


一．A型はストレートに重点を置きながら変化球にも対応しようとするタイプ。

二．B型は内角か外角、打つコースを決めてくるタイプ。

三．C型は右翼方向か左翼方向か、打つ方向を決めてくるタイプ。

四．D型は球種に絞って打っていくタイプ。（球種を絞る、即ちヤマを張るタイプであり、D型のタイプであっても、カウントによっては、A型になったりC型となる）

先に例にあげた上原から決勝本塁打を打った後藤はA型、同様に清原もA型の打者、しかも典型的なA型の打者だった。清原は相手バッテリーが明らかに恐れている場面、まずストレートなど投げて来そうにない場面でもストレートを待っているのがわかった。

巨人時代の清原が舌禍事件を起こしたことがあった。阪神タイガースの藤川球児に対して「真っすぐを投げんかい。おまえ、チンチンついとんのか」と、少々品のないコメントを投げつけたのだ。

清原が怒ったのは、速球派と言われる藤川が最後に変化球を投げて自分を空振りに取ったからだった。ちょうど清原の五百本塁打がかかっている打席だった。記録のかかる打席で、若い速球派の藤川が変化球を投げるなど、「男の勝負」にこだわる清原には考えられないことだったのだろう。

しかし、野球は知略の勝負だ。清原の性格やストレート狙いという特徴を読んで、変化球を投げたバッテリーの選択はプロとして当然のことだった。

逆に、観察してもなかなか狙いが見えにくい打者もいる。清原の盟友、元木大介などはそのひとりだった。元木は私の分類ではC型、打つ方向を決めて打席に立つ打者だった。だが、どちらを狙っているかが読みづらい。若いカウントのとき、思い切り引っ張るようなそぶりでファウルを打つ。これは引っ張りにきていると判断したキャッチャーが外角の球を要求すると、待ってましたとばかりに右におっつける。そういう形で何度も痛い目にあった。元木のような打者は、ちょっとコントロールを誤ると確実に本塁打されるといった怖さはなかったが、走者を置いたような場面では厄介な相手だった。だから、ヤクルト監督時代、ピンチの場面で元木を迎えたときは、古田によく狙いを読み取る努力をするようにと注文をつけた。

身体能力を比較したら、清原と元木には大きな違いがある。資質だけで勝負していたら、元木のような選手はプロで活躍する余地は少ない。しかし、データをうまく分析して、状況を読み相手の裏をかくような知恵を身につけて生きていた選手である。相手から嫌がられる選手だった。少なくとも状況によっては清原よりも元木のほうが嫌な場合も間違いなくあった。

最近の例をひとつ挙げれば、二〇〇九年十月一日、クライマックスシリーズ進出を争ったソフトバンク戦、楽天の「エルニーニョ」現象と私が名付けた一場面があった。七回裏に三点を奪って試合をひっくり返し、逆転勝ちできた鉄平の一打席は、一死一塁、ボールカウントが0―1からの外角直球を大きく空いた三遊間へ打ち返すものだった。本来A型の鉄平が二点差、ランナー一塁という状況を考えて、C型に対応を変化させて放った一撃だった。私の重視する打席での「備え」ができていた。

楽天の選手を初めて見た際、「来た球だけを打つ」A型だらけの打線に驚いたものだ。あの頃と現在では、隔世の感がある。ID野球は「弱者による野球革命」という側面もあったのだ。

打者を見抜く眼

ただし、せっかく集めた、データ、情報も分析の仕方を誤ると手痛い目に遭うことがある。分析については現役時代、苦い思い出がある。一九七三年の日本シリーズのことだ。このシーズンは、プレーオフで強敵・阪急を破り、意気あがる中で日本シリーズに臨んだ。相手は川上監督率いる巨人である。

プレーオフを制した勢いもあって、第一戦をものにした南海は、第二戦も試合を優位に進めていた。このまま押し切れば、シリーズの流れは一気に南海に傾く。巨人のV９を阻止できるかもしれない。

ところが、七回からリリーフしてきた堀内恒夫に抑えられ、逆転負けでこの試合を落としてしまった。

堀内はこの年まったく不振で、我々はあまりマークしていなかったのだが、このリリーフ成功で蘇り、二勝をあげて日本シリーズＭＶＰになってしまった。

もともと巨人のエースだから、好投されるのはやむを得ない面もある。悔しかったのは日本シリーズの大舞台で、本塁打を許してしまったことだった。

堀内の打撃のよさは我々も知っていた。スコアラーからは「投手でありながらバッティングがよい。しかもスライダー、カーブを打つのが上手い」という報告があがっていた。投手だから変化球を投げておけば抑えられるという常識は、堀内には通用しない。変化球ならむしろ速いシュート系の球だ。そう考えた私は、堀内を打席に迎えたとき、投手にシュートを要求し、ものの見事に本塁打されてしまった。

私はデータが間違っていたのかと首をひねった。しかし、そのあと堀内の打席をよく観察し、彼の特徴を分析してみて、あることに気がついた。堀内は、特定の球種に強いのではなく、配球の読みに優れヤマを張るのが抜群に上手いのだ。ヤマを張るのが上手いので、投手だからと軽く見て変化球を投げさせると痛打される。シュートを打たれたのは、その打席でスライダー、カーブではなくシュートにヤマを張っていたからだった。

データ自体に間違いがあったわけではない。しかし、そのデータがどういう視点に基づいて集められたものなのか、そして相手打者のどういう特徴を捉えているものなのかをしっかり情報分析しておかなければ痛い目にあう。

堀内は打者の分類で言えば、D型のヤマを張る。バッティングがよい上に、長打があるという報告をしていてくれたら本塁打を打たれることはなかったろう、と悔いを残した。ピッチャーに本塁打を打たれることは相手を勢いづけ、味方の自信を失わせる。かつての稲尾のサヨナラ本塁打などが典型だが、日本シリーズのような短期決戦では投手の本塁打がシリーズの行方を決めることが少なくない。

本塁打で投手の堀内を勢いづかせたことが、シリーズを失う結果につながってしまった。配球の恐ろしさ、難しさを思い知った経験だった。

叱って育てる

敵のデータを集めるのは、ただ数字を並べて安心するためではない。プレーの根拠をはっきりさせるために集めるのだ。特に、投手の配球はそうだ。

「根拠のない配球はするな」

私は、バッテリーに対して、常にそう指導してきた。ヤクルト時代の古田敦也などもそうやって根拠を叩き込まれたひとりだ。

私は入団直後から、捕球の姿勢やスローイングの速さなどに着目して、古田を正捕手に育てようと考えた。レギュラーの捕手になるためには高度な配球術を身につけなければならない。私はベンチの中の古田の席を私のすぐ側に決めた。そして守備を終えて戻ってくるごとに、その回の配球について説明を求めた。

「なぜ、あそこでストレートを投げさせたのか」

「変化球でもスライダーではなく、フォークを選んだのはなぜか」

それだけではない。試合に出ていないときも、

「この打者をおまえならどう攻める」

「今の見逃し方を見て、何か気づいたことはないか。打者の考えが見えたか」

ともかく徹底して叩き込んだ。そして説明できないような配球をしたときには厳しく叱責することもあった。

二軍から上がったばかりのある投手が、敗戦処理のような形でマウンドに登ったことがある。試合の趨勢はほぼ決まっていると判断したのか、古田の配球は明らかに気が乗っていなかった。案の定痛打される。私はベンチに戻ってきた古田を、こっぴどく叱った。

「二軍から一軍に上がったピッチャーの気持ちを少しでも考えたら、あんなリードにはな

らないはずだぞ」

一軍と二軍を行き来しているような投手は、敗戦処理のような場面でも大きなチャンスである。その大事な局面に、ずさんなリードをしていたのでは、せっかくの投手の成長のチャンスを潰してしまうことになる。

「そんなことで、正捕手として投手陣の信頼が得られると思っているのか」

きつい言葉だったが、古田も納得して聞いているようだった。

最初のうちは、キャッチャー向きの身体能力だけでやっていた古田が、後に球界を代表する配球の匠とみなされるようになった裏には、若い頃の「配球の根拠」についての口答試験があったのである。

困ったら原点

選手たちに配球の根拠を求めても、試合の状況や投手のコンディションは常に動いているので、いつもスパッと割り切れる答えが出るわけではない。また、急に一軍に上がったような選手に対しては、データも十分でないときがある。

そういうケースにも対応してこそプロである。迷った場合に、大きなケガをしない配球は四つある。

一．外角低めへのストレート
二．低めへの変化球
三．特殊球
四．内角への快速球や鋭く小さな変化球

一．の外角低めへのストレートを、私は「原点」と呼んでいる。投手の生命線となる球だからだ。ここにきちんと投げられる能力を原点能力と呼ぶ。原点能力が高ければ高いほど投手としての安定性は高い。投手の持ち球から投球を選ぶ〈投手中心の配球〉で押して行けるのは、原点能力の高い投手であることが多い。大魔神・佐々木主浩などはフォークボールが特徴と思われているが、原点能力もきわめて高かった。

捕手は試合になったらまず投手に何球か原点に投げさせて、その日の原点能力を見極めておく。その日の原点能力が高ければ（なにもスピードが速いことだけが必要なのではない）、ピンチで配球に迷ったとき、外角低めへの直球を要求すればよい。

「迷ったら原点だ」

私は若い捕手、投手に強調する。ただあまり薬が効き過ぎるのも考えものだ。楽天の若いキャッチャーの嶋基宏などは、とにかく原点、外角低めを要求する傾向が高い。

「そんなにいつも迷うのか。観察力、洞察力を磨け」

といつも、しつこいぐらいに言い続けた。

打者の考えを絶対、見破ってやろうという執念がまだ足りない。常に、外角一辺倒だと配球に傾向が出てしまう危惧があるのだ。

二．の低めへの変化球は、ゴロになりやすいゾーンである。状況から判断して、打者をゴロで打ち取りたいときなどに、このゴロゾーンを生かす。

三．の特殊球は、フォークボールやチェンジアップなど打者があらかじめ意識していなければ打ちにくい変化球の一つである。野茂英雄や佐々木主浩、ソフトバンクの斉藤和巳のフォークボールがこれに相当する。ヤクルトの監督時代、新人王になった伊藤智仁のスライダーは、当時広島の金本知憲が、「あれはスライダーではなく、フォークと考えないと打てない」と言ったように、鋭い変化をする特殊球と言えるものだった。こういう変化球を、高い精度でコントロールできれば、迷ったときの勝負球としてはきわめて有効だ。

四.の内角への快速球や鋭く小さな変化球は、これで打ち取るというよりは、相手の狙いがはっきりせず配球が決まらないときに効果を発揮する。私は、その打席の最初に内角に投げさせるときは、ストライクゾーンは避けるように指導している。ストライクゾーンを避けて、打者の反応を見るのだ。ここで狙ってきていないことがわかったら、次はストライクで勝負すればよい。直球でもよいが投手がシュートを持っていれば、より効果的だ。

内角球理論

投手の原点は外角低めへの直球である。その反対に、打者のヒットゾーン、ホームランゾーンは内角の甘いゾーンにある。多くの打者はまずここに目をつけることが多い。カウントによって狙いを変えてゆく。特に長距離打者は内角を待ち、追い込まれると内角をマークしながら変化球に対応しようとする。打者にはそういう習性がある。初球内角のストレートを投げる時は、充分注意力をもって投ずる必要がある。内角を攻めるにはいつもリスクを背負っていることを肝に銘じなければならない。

時代とともに投手の必須科目は変わった。我々のデビュー当時は、ストレート、カーブ、シュートが身につけるべき基本の球種だった。現代はストレート、スライダー、フォークの三球種が必須科目である。カーブとシュートを投げる投手が少なくなったが、最近また私がシュートの効用を指摘した影響か、シュートやカーブが少し復活してきた。二〇〇八年の日本シリーズなどで活躍した埼玉西武ライオンズの岸孝之の縦に割れるカーブは、我々の現役時代にはドロップと呼ばれ、数多くの投手が武器にしていた球種である。

私の内角球理論を活用して、再生した投手のひとりに元ヤクルトの川崎憲次郎がいる。私が解説者をやっているとき、川崎はホームラン配給王と呼ばれていた。右打者のインコースにシュートでなく、インサイドに真っすぐを放っていた。

当時、川崎が対戦した原辰徳、落合博満らのホームランバッターというのは、とりあえず初球は長打にできるインコース真っすぐを待つ。そこへ敢えてインコース真っすぐという発想も悪くはないが、非常に危険であり、条件が厳しくなる。コースがいい、球威があることが求められる。

私は、ヤクルト監督に就任し、川崎にシュートが、なぜ効果があるかを説いた。

「変化球というのは小さければ小さいほど、バッターの手元に来てから変化するから有効なのだ。カーブやスライダーというのは指で捻《ひね》る、バッターからかなり遠い位置から曲がりだすので、打者は判断時間がコンマ何秒、早く判断できるから見極めやすいのだ。

フォークボールやカットボールは途中まで真っすぐと同じ軌道で、打者の手元でドーンと落ちたり曲がったりするから効果があるのだ。シュートも、ほとんど真っすぐに近い軌道で、手前に来てからフッと動くから、バットの芯を外すのだ。

どうして強打者のインコースに真っすぐを投げるのだ。投げるのはいいけれど、スピードがあって、コースがいいというのならわかる。ちょっと甘くなればホームランを打たれるぞ」

それから川崎はシュートをキャンプで習得し、右打者を面白いように詰まらせ強打者を打ち取れるように蘇った。

古田がバッテリーを組んでいて、シュートを詰まらせてサードゴロ、ショートゴロで打ち取る。チェンジになってベンチに帰ってくると、投手の伊藤智仁が、「古田さん、どれぐらい曲がっているの？」と訊く。ベンチから見ていると、大きく変化しているように見えたのだろう。「いや、こんなもんだよ」と古田がシュートの5㎝ほどのわずかな変化を示すと、「え〜っ、ほんとですか？」と伊藤は驚いていた。

内角への変化球は、そんなに大きく変化させる必要はないのだ。小さな変化球ほど打者の手元へ来て変化するものだ。

チームメイトの伊藤が、実際にはわずかに切れ込むだけの川崎のシュートを大きく曲がるものと考えたのは、打者の詰まり方が激しかったからだ。

「川崎のシュートは大きく曲がって厄介だ」

当然相手打者も伊藤のようなイメージを抱く。すると必要以上にシュートを警戒して、右打者は早く開いて壁を崩したり、内角のマークが強くなって、外角のボール球に手を出したりしがちになる。それこそこちらの思う壺だ。シュートを身につけたことによって生まれるイメージ、情報の膨らませ方もプロなら当然考えなければならないことなのだ。

第三章

言葉は剣より鋭し

心理は動く

「囁《ささや》き戦術」は野球用語として定着したようだ。しかし、不思議なことに野手が塁に出た走者に何か囁いても、「囁き戦術」などとは呼ばれない。もっぱら捕手がバッターボックスの打者に話しかけることを囁きと呼ぶ。これは「囁き」が私の始めたテクニックと思われているからではないか。

「囁きは、ノムさんがはじめた戦術、革命でしょ」

「私もよく囁かれて苦労しました」

そんな話が常識として定着したのだろう。私とすれば、名誉なことではあるが、私が本家本元、「囁き戦術」の創始者というわけではない。私自身が囁かれて悔しい思いをした。そのことがきっかけで、もう少し「緻密に」作戦としてアレンジしてやってみようと考えたのが「囁き戦術」の始まりなのだ。

阪急ブレーブスに山下健さんという捕手がいた。高松一高の出身で怪童と呼ばれた中西太さんの二年先輩、私より四つ年上の大柄な選手だった。この山下さんがよく囁くのである。

「おう、野村、最近調子がいいな」

「ちょっとステップが開き過ぎてないか」

さりげない調子で話しかけてくる。「そんなに開いているかな。うるさいな」と思いながら、口の重い私は反論できない。特に昔は四歳年上だと大先輩という感じで、なかなか気安く話しかけることができなかった。

その山下さんの囁きに嵌《はま》り、悔しい思いをしたことがある。

「おい、若造、この場面は打たれても痛くないから、おまえに打たせてやるぞ」

ある試合で、そんなことを囁かれた。確かに山下さんの言うように勝敗に影響のない場面だった。もしかしたら言葉通り、甘い球を投げてくれるかもしれない。「打たせてやるぞ」というのはストレートを投げるということだろう。若い頃の私はストレートには強かったが変化球、特にカーブが苦手だった。ともかくストレートを狙ってやろうと考え、打席で待った。ところが来たのは変化球。私は手も足も出ず見逃しの三振に打ち取られてしまった。

悔しい思いでベンチに戻る背中に、山下さんの声がかかった。

「おい、こっちはストレートなんてひと言も言っていないぞ」

山下さんには、私がストレート狙いに出ていたことが、はっきりわかっていたのだ。

確かに山下さんは「ストレートを投げてやる」と言ったわけではない。「打たせてやるぞ」と言われて「それならストレートだ」と判断したのはこちらなのだ。おそらく山下さんは、捕手の私なら「打たせてやる＝ストレート」と考えるだろうと読んで、そんな囁きをしたのだ。

してやられた悔しさは残ったが、ふと我に返って、同時に、戦術を考えるヒントも与えてもらった。これは使える。言葉は意外に武器になるのではないか。

それから私はマスクをかぶると意識して「囁き」を戦術として使うようになった。

打撃で重要なのは、集中力と積極性である。打席でキャッチャーが何かを囁けば、余程の選手でない限り、「何を言っているんだろう」と聞き耳を立てる。その分、集中力は乱れる。野球を深く捉える選手ほど、囁かれると何か意図があるのではないかと思い、様子を見たほうがいいと考えて積極性が鈍る。バッティングの二大要素にダメージを与えることができるのだ。

囁きは卑怯な戦術だとする見方もある。だが私はそうは思わない。汚い悪口を言ったり、恫喝するようなことを言うのは論外だが、相手打者の性格を知った上で、動揺を誘うような言葉を投げたり、独り言を言って相手の考えを惑わせるといったことは立派な作戦、人間心理を考えた高等な戦術ではないか。

本音を言えば、囁いているときは実は、私自身が困っている局面なのだ。配球に手詰まりになっている状況を迎えた際の、窮余の一策でもあるのだ。

最近の若い選手は、あまり囁いたりしない。その代わり、塁に出ると、相手の野手と親しげに言葉を交わしたりしている。ああいう光景は歓迎しない。グラウンドに出ている以上は敵である。笑顔の裏で相手の腹を探るぐらいならいいが、無防備にニコニコしているようでは相手を出し抜くことはできない。昔は、ライバル同士は口もきかなかったのだ。

野村の情報収集能力は、恐ろしい

「囁き戦術」には方法論がふたつある。相手打者に直接囁きかけて動揺を誘うやり方と、間接的にわざと打者に聞こえるように独り言を言って相手を揺さぶるやり方である。

前者は私が山下さんにやられたようなやり方だ。現在の野球規則では、グラウンド上で相手と親睦的な態度をとることを禁じている。簡単に言えば、あんまり話をするな、ということだ。だから、囁きの本家のように見られているが、こちらはあまり使わなかった。

そのせいか、たまに使ってうまくいったケースはよく覚えている。

一九六九年、阪神タイガースに田淵幸一が入団してきた。六大学の本塁打王で、鳴り物入りで阪神に入団し、開幕からレギュラー捕手の座に座っていた。打撃はもちろん、入団当初は肩も強いすばらしいキャッチャーだった。

当然オールスターにも選出され、我々パ・リーグの面々と対戦した。当時は「人気のセ、実力のパ」などと言われ、実力はあってもパ・リーグは人気の点でどうしても満員御礼のセ・リーグに及ばない。それだけにオールスターでは、何が何でもセ・リーグに勝とうとした。

この年も張本勲をはじめパ・リーグの猛者たちが、「ノムさん、田淵には絶対に打たせないでくださいよ」とねじを巻いていた。私も若いスター捕手に対抗意識があったから、手ぐすね引いて田淵を待った。打席に入った田淵に声をかける。

「おう、新人やな。せっかくのオールスターだから、真っすぐで打たせてやる」

打たせてやるだけでなく、球種まで念を押した。ルーキーなので、「読み」の力をテストする意味も込めた。

そうやって伏線を張っておいて、追い込んだところで変化球を投げさせた。あえなく三振に打ち取られた田淵は、顔を真っ赤にして怒っていた。

私が現役生活の晩年、西武ライオンズに移籍した際、阪神から西武に来ていた田淵は私の顔を見るなり、「あのときは、プロとはこういう世界なんだな、と思いました」と述懐した。

私の囁きは、むしろ、独り言に聞こえるように言って、打者を混乱させるやり方が多かった。投手に話をするように見せて、実際は打者に聞かせるといったやり方もよくやった。例えば打者がいい当たりのファウルを打ったとする。そのとき、投手に向かって声をかける。

「合ってるぞ」

打者はまず次は、同じ球種は投げてこないだろうと考えるかも知れない。そこに裏をかいて、同じ球を投げさせるのだ。まず成功率は高い。

「ワンナッシグだぞ」

ただ、カウントを確認しているだけなのだが、打者心理からするとストライク先行をわざわざ確認しているのだから、次はボール球で誘ってくる、少なくとも甘いストライクはないと考える。そこへ簡単にストライクを取ってしまう。

打者がインコースの球を際どいファウルにする。そこで独り言をつぶやく。

「今日はインコースは危ねえな」

それを聞けば、打者はまず内角には投げてこないと考える。その打者心理を逆手にとって、内角で勝負する。

いずれにしても、人間の心理のメカニズムを考えて囁くのである。

「囁き」というと、ゴシップや噂をぶつけるものだと思っている人がいる。確かに私も、「おい、銀座のエミちゃんは元気かい?」などと、誰も知らないはずの情報をぶっつけて、打者を動揺させたことが何度かあった。

今の若い選手たちは、あまり酒を飲んだりしないようだ。飲みに行っても、一般の人が行くような店で、平気で飲んでいる。周りの人も、だいぶマナーがよくなり、プロ野球選手が飲んでいても、やたらに騒いだり、サインを求めたりするようなことはなくなってきたという。

私が現役の頃の選手たちはよく酒を飲んだ。店も普通のサラリーマンの給料ではまず入れないようなところが多かった。東京で言えば銀座、大阪で言えば北新地、座っただけでウン万円などという店をわざわざ選んで出かけるのである。それがステータスと思っていた。

私はまったく酒を飲まなかったが、そうした店に行くのは嫌いではなかった。他のチームの選手や政財界、文化人など知らない世界の人と知り合うことができたし、なによりいろんな人間模様を観察するのが面白かったのだ。恰好の情報収集の場である。

プロ野球選手が出没する店は限られている。そういう店に行けば、当然、他のチームの選手たちの噂、陰に隠れてやっている行動が耳に入ってくる。そうした情報は、囁きの材料にうってつけだった。

今までAという店の常連だったある打者が、Bという店にお気に入りを見つけ、通うようになる。「最近、ぜんぜん見なくなったわ」などといった話を聞きつけ、当人にぶつけてみる。

「Aの彼女、最近来ないって怒っていたぞ」

囁かれたほうは、情報の中身以上に、あまり夜の街に出没しそうにない私のような選手が意外な情報を持っていることに驚き、動揺し集中力を欠いてしまう。

「野村の情報収集能力は、恐ろしい」

そう思わせたら、こちらの勝ちである。ひとつの打席だけでなく、長いシーズンを対戦する際に、心理的に優位に立つことができるのだ。

天才か、凡才か

ちょっとした言葉に動揺する、考え方が変わる、迷うというのは、凡人の心理である。一方、天才と呼ばれる種族は、何を囁いても聞いていない。どこ吹く風で、己の世界に生きている。

いろいろな選手に囁き戦術を試みたが、選手の反応は実にさまざまだった。囁いても、あまり集中力が乱れず、積極性も失われない打者がいる。囁き無効の打者の代表は巨人のＯＮ砲、長嶋茂雄と王貞治だった。それだけふたりとも集中力と積極性に秀でた打者だったと言えるが、囁きへの対処の仕方はまったく違っていた。

まず長嶋茂雄。私が捕手として長嶋と真剣に対したのは一九五九年の日本シリーズだった。この年は、新人の杉浦が四連投四連勝して、南海が初めて巨人を破り日本一になったことで知られる。長嶋は私よりひとつ年下で、巨人のクリーンナップに座っていた。

実は長嶋は杉浦といっしょに南海に入団することが有力視されていた。立教大学の先輩で南海にいた大沢啓二さんを通して、南海は入団の勧誘をおこなっていたのだ。六大学で本塁打記録を打ち立てた長嶋の評判は私も知っていたので、もし入団したら南海もだいぶ充実するだろうと思っていた。長距離打者としてひとり立ちしつつある私のライバルになるかもしれないなどとも考えた。

ところが長嶋はどういう経緯か南海ではなく巨人に入ってしまった。巨人に入ってからの活躍は華々しく報道され、私もいやがうえにも刺激を受けた。その鳴り物入りの新人が、日本シリーズの大舞台でどれくらいの打撃を見せるのか。もちろん長嶋に打たれるようでは南海の勝利はおぼつかない。どんな打者か探りを入れながら、攻略の方法を考えた。

「スイングが速いなあ」

長嶋の印象をひと言でいうと、それに尽きた。スイングが抜群に速く鋭いのだ。当時の巨人は川上哲治さんが前の年に引退し、長嶋以外にこれという打者がいなかった。新人の王はまだ打撃開眼の前で、あまり出場機会がなかった。そんなこともあって、余計に長嶋のスイングが目立ったのかもしれないが、ともかく日本の選手ではあまり見たことのないスイングだった。

杉浦の抜群の球威があったから、長嶋には第二戦の2ランのみであまり打ち込まれずに終わったが、並みの投手なら打ち込まれるのは当然という感じだった。

もうひとつ、印象に残ったのは態勢が崩れてもヒットにする特異な能力を持っていたことだ。普通の打者ならその形では絶対に安打にはならないという姿勢から、なぜか鋭い当たりを打って、ヒットにしてしまう。実に不思議だった。

その後、オールスターや日本シリーズで対戦を重ねる中で、私は何とか長嶋の攻略法を見つけようと試みた。優れた打者には、捕手魂がうずくのだ。

当然、心理的な揺さぶりをかけるために、囁き戦術も試みた。

「チョーさん（当時の長嶋のニックネーム）、最近は銀座には行ってる？」

「だいぶ調子がいいみたいだね。お手柔らかに頼むよ」

普通なら、「いや、忙しいからご無沙汰だね」などと適当な返事をするところだ。ところが長嶋の答えはまったく違っていた。こちらの問いかけとまったく関係のない答えをしてくるのだ。

「銀座はどうか」と聞けば「やあ、ノムさんこのピッチャーはどう？」、「調子がいいようだが」と水を向けても「今日は風が強いね」。まったく会話にならない。最初のうちは、囁かれるのがイヤで、わざと無視したような答えをしているのかとも思ったが、何度か試みてわかった。長嶋はこちらの囁きなど上の空でまったく聞いていないのだ。そうわかったとき、私は長嶋に囁き戦術を使うのをあきらめた。長嶋は間違いなく天才だ。

心理的な揺さぶりをかけようにも、完全に自分の世界に入ってしまっていて、こちらの言葉が入り込む隙がない。こういう選手に向かって何か言っても、無駄というものだ。

囁きが通用しないとわかった私は、データで長嶋を抑えようとした。しかし、これも無駄だった。長嶋に対して、データに基づいた配球をしても、打たれてしまうことがよくあった。つまり、データはあくまでも過去の記録で、その日の気分や感覚でまったく違う打撃ができてしまうのが長嶋茂雄という打者だったのだ。

「来た球を打つ」

「グッと見てガーッと打つ」

よく長嶋は打撃についてそんな話をしていたようだ。打撃に対しても、「読み」を重く見る私には理解不能の、感性の打撃と言える。

長嶋は基本的に中距離打者ということもあり、タイプの違う私は選手時代に彼をライバルと捉えたことはなかった。「こいつだけには負けたくない」とライバル視するようになったのはヤクルトの監督になり、巨人軍を率いる彼と対戦するようになってからのことだ。

ライバル監督・長嶋茂雄

私がヤクルトの監督になって、はじめてリーグ優勝したのが一九九二年。翌年、巨人は藤田元司監督が退いて長嶋茂雄が監督に復帰した。長いブランクの末の復帰だったので、話題は長嶋とジャイアンツに集中した。加えて巨人はこの年、ドラフト一位で松井秀喜を入団させていた。甲子園の大スターと球界一の人気者が加わったので、シーズン前の話題は巨人一色だった。

セ・リーグの覇者にもかかわらず、ヤクルトのキャンプを訪れる報道陣は呆れるほど少ない。たまに増えたなと思うと、それは巨人の練習が休みの日だった。

優勝チームが正当に評価されず、人気があるというだけでメディアの注目が集まる。こうした状況は私の闘志をかきたてるのに充分だった。シーズンが始まると、意図してFAで獲得した金満戦力に依存する巨人の野球をけなし、メディアに話題を提供した。戦力の充実している巨人を叩かなければ優勝はむずかしい。それにはからめ手から相手に冷静さを失わせる情報戦も必要になる。私の挑発はそうした情報戦の一面も持っていた。それは「大掛かりな囁き戦術」といってよいかもしれない。

それに、豊富な資金力に任せた巨大戦力のチームが簡単に勝つようでは、野球そのものが大雑把な魅力のないものになってしまう危機感も感じていたのだ。

だが、正直な気持ちを言えば、私はヤクルトの戦力で巨人を圧倒できるとは思っていなかった。五分に持ち込めれば御の字、三連戦でひとつ勝てば十分と思っていたのだ。にもかかわらず、「巨人が一番の敵」と公言し、「巨人のような野球では野球がダメになる」といった挑発的な発言を繰り返したのは別の狙いがあった。私が対戦した頃の巨人は、打線も強力だったが、投手陣も、槙原寛己、斎藤雅樹、桑田真澄の三本柱が全盛で、充実していた。ヤクルトは斎藤に特に弱かった。しかし、エースの斎藤をヤクルト戦に使ってくるということは、他のチームには少し劣る投手が多く起用されることになる。そうなれば取りこぼしの可能性も高まる。

もともとこちらは三連戦でひとつ勝てばいいと思っているから、斎藤でひとつ落としてもあまり痛くはない。長嶋と巨人が私の発言を真正面から受け止めて、ライバルの筆頭と考えてくれるほうが何かと都合がよいのだ。

私は「巨人がライバル」と口にしながら、実は巨人を圧倒するより、他のチームにお得意さんを作るほうが優勝への近道だと考えていた。主な標的にしたのは、当時「ダメ虎」の呼び名が定着していた阪神タイガースである。阪神をお得意さんにしてしまえば、巨人に少々分が悪くても優勝には手が届く。そうした目論見で戦った。一九九五年の優勝などは、そうした狙いがズバリはまった。この年、阪神との対戦成績は二十勝六敗、実に貯金は十四もあった。

言葉の戦いの面白いところは、「敵は本能寺にあり」の喩えではないが、誰かを攻撃しているように見せて、他に狙いをつけることもできる点である。

ライバルと名指しされた長嶋は、私の言葉を真正面から受け取って闘志を燃やしたかもしれないが、私は闘志を燃やしながらも、他にも狙いを定めていたのである。

松井秀喜が一流打者に成長してくる。他球団の四番打者を次々に補強する。落合博満、石井浩郎、広沢克己、マルティネス、落合にかげりが見えると、清原和博。その上、逆指名でほとんどヤクルト入団に傾いていたと言われる高橋由伸のような選手まで獲得する。これでは他のチームが戦意喪失に陥っても不思議ではない。

ある時、巨人のスタメンをスコアラーがボードに書き込んでいると、抑えのエース高津臣吾があきれたように言った。

「すげえなあ」

高津の気持ちはわからないでもなかったが、抑えのエースが試合前から戦意喪失では勝負にならない。そこで私は高津に恐れを解消するアドバイスを与えた。

「ああいう打線は全体で見たら恐ろしくなるだけだ。ひとりひとり寸断して考えてみろ」

打線で考えるから恐ろしさが募る。打順として、ひとりひとりの打者の対処法を考えてゆけば、それぞれには穴もあり、攻略法もある。ひとりずつ切り離して考えれば怖くはない。点と見るか、線と見るかで意識は変わる。

監督としての長嶋、あるいは長嶋がいた当時の巨人のフロントは、ともかく各チームで四番を打ったり、エースと言われているような選手を揃えれば、トータルで他のチームを圧倒できると考えていたようだ。

しかし、野球はそんな単純なスポーツではない。意外性を孕《はら》んでいる。選手の適材適所を無視し、いかに四番打者をズラリと並べても、所詮は七割が失敗してしまうのが野球である。足と凡打をどうからめて点を取るか、自己犠牲を払ってもチームに貢献できる選手をどれだけ揃えるかが勝負なのだ。

V9時代の巨人は、長嶋と王にばかり注目が集まるが、実は恐ろしいのは他の脇役たちだった。柴田勲、土井正三、黒江透修《ゆきのぶ》といった小技のうまい、足の速い選手たちが要所を固め、主砲が抑えられてもなんとか相手投手を崩す方法論を身につけていた。打線はほんとうの意味の「線」で、単なる打順ではなかった。

当時の巨人を率いていた川上さんは自らは大スターだったが、そうした野球の本質を実によくわきまえていたと言える。

それに対して、長嶋は、打力のあるスター選手を集めればおのずと勝利は転がり込むという四番打者至上主義のスター思考が抜けなかった。あれだけの戦力を集めながら監督に復帰して日本一が二回という結果はその限界を示しているのではないだろうか。

私は決して長嶋に個人的な敵愾心《てきがい》を抱いているわけではない。監督時代は、ライバル心を燃やし、意図的に対立をあおるようなことも戦略的に口にしたが、むしろプロ野球界を背負った男に畏敬の念を抱いていた。それに選手時代に長嶋は、私にひとつ財産を残してくれているのだ。

「万人共通のゴロゾーン」

普通、右打者に内野ゴロを打たせるには内角を攻める。特にシュートが有効だ。これで詰まらせ、遊撃、三塁へのゴロに打ち取る。ところが、長嶋は外角の低めにスライダーや沈む球を投げると、引っ掛けて遊撃へのゴロになることが多かった。

それを見て、私は他の打者に対しても、ゴロを打たせたい時、真ん中からちょっと外のスライダーやシンカーを使ってみた。すると、思った以上に楽に打ち取ることができた。はっきり外れたところではなく、ベースにかかるような外角というのがミソで、ここだと打者はストライクかボールか見極めるのがむずかしく、つい手を出してしまう。これは左打者も同様だ。そこで私はゴロになりやすいやや外よりのゾーンを「万人共通のゴロゾーン」と名づけ、自分のリードに生かすようにした。

長嶋は囁きの通用しない、常識破りの打者ではあったが、よく観察すれば、それなりの攻略ポイントは見つかるものなのだ。どんな強打者にも弱点は必ずある。

王の凄さ

長嶋とは違った意味で囁きの通じなかった打者が王貞治だ。王は私よりも五つ年下であり、礼儀正しい男だった。人間的には風貌そのもの、非常に大らかな人格者だ。だから、私が囁いても、律儀に聞いて、返事をしてくれる。バッターボックスでゆっくり足場をならしながら、ニコニコしているときもある。ところが足場をならし終わり、軸足をピタッと決めて投手のほうを向いて一旦、構えに入ったら、もう何を言っても聞いてはくれない。何を囁いても耳に入らないのだ。その集中力は傍らで見ていても空恐ろしいほどだった。あの一本足を上げた時の迫力、積極性はどこから生まれるのか。

若い頃の王は私や長嶋と違い、酒はなかなかいける口だったし、気晴らしに銀座などに出かけることもよくあったようだ。面白みのない堅物などでは決してないのだ。私も銀座のクラブなどで王が飲んでいるのを何度か目撃したことがあった。

驚いたのは、相当飲んだように見えても、そのあと練習に行っていたことだ。私は王の打席での集中力がどこから来るのか興味があったし、自分の本塁打記録を抜くのはこの男しかいないとライバル視もしていた。だから、ぜひ練習の様子を見たいと思い、素振り練習を見学させてもらったことがある。

王は一本足打法に切り替えて、本塁打王を獲ってからも、長いこと巨人軍打撃コーチの荒川博さんの指導を受けていた。荒川道場などと呼ばれる個人レッスンである。

荒川さんのお宅を訪ねると、王はパンツひとつになって素振りをしていた。スイングの速さ、力強さも私には驚異だったが、それ以上に、その雰囲気に驚いた。シーンと静まり返った部屋の中で、バットを振る「ボッ」という音だけが響く。殺気立った空気が張り詰めていて、「ワンちゃん、そこはこうじゃないか」などと気軽に声をかけられるような雰囲気はまったくない。

私も練習の熱心さでは密かな自信があった。テスト生時代から素振りも毎日欠かさなかった。しかし、王の素振りを見て考えた。

「俺は、いずれこいつに抜かれる」

日々、同じ数の素振りをしていたとしても、そのひと振りごとの鬼気迫る迫力に、私は王に到底及ばないと思ったものだ。教える方も、教えられる方も真剣そのものの光景だった。ひとつの物事に没頭して、剣豪の如く打ち込む、これが王の凄さだった。

殺気だった空気を自ら醸し出して、毎日練習しているのだから、打席での集中力が違うのは当然なのだ。王の内面は、囁きなどで揺れ動くようなことはない。そう悟った私は、王に対しても戦術としての囁きは使わないことにした。人柄のよい王だから、打席に入ったら、こちらも何か話しかけたくはなる。向うも、しっかり返事をしてくれる。足場が固まるまでは和気藹々《あいあい》、しかし、勝負にそういう空気が持ち込まれることはなかった。八百六十八本の世界記録は、伊達に生まれるものではない。

長嶋が感性の打撃だとすれば、王は気迫の打撃と言える。彼は合気道を取り入れたり、真剣で揺れる紙を切る練習をしたりしていたが、私に言わせれば、彼の打撃は武道の一種、バッティング道のように思える。ひとつのものにあれだけ没頭できる精神というのはどこからきているのか。ご両親の教育なのか、出自なのか、プロに入ってからなかなか芽が出なかったところからきているのか。ともかく、王には囁きのような戦術は意味がなかった。

王はその精神と集中力で打つ打者だから、狙い球を絞るようなことはしない。ヤマ張りはしないのだ。捕手の眼から分類すればA型だが、だましや駆け引きはしてこないから、配球もごくオーソドックスなものが効果的だった。

ただし無難に行き過ぎると王の餌食になる。本塁打を怖れて外角にばかり投げさせると、ちょっと甘くなったところを確実にスタンドに持ってゆく。やはり多くの強打者、長距離打者と同じように、懐を攻める。内角へのスライダーなどはファウルになる確率が高くカウントを稼ぐのに有効だった。

つまり、王に対しては、囁きも含め、奇策は通じなかった。王を三振に打ち取ろうとしても無駄である。打者に対する攻め方の最大公約数を素直にぶつける配球が有効だった。なんとか、王をゴロゾーンで打ち取る配球に徹した。インサイドに変化をつけるドロップ（縦のカーブ）を持ち球にする投手は割りあい王に強かった。王は内角・外角のコースの選球眼はいいが、高低の見極めにやや難があったからだ。

普通の打者はベース板から外れた球に手を出すことが珍しくない。しかし、王がスイングするのは、必ずといってよいほどベース板の上を通過する球だった。

人間の目が横についているからなのか、打者というのは高低の見極めよりも左右の選球眼のほうが正確という傾向がある。王にしても、横の揺さぶりは見極めても縦の揺さぶりについては少し甘くなることがあった。だが、左右のコースはまず間違えない。ストライクのコースだけにバットを出すのだから、打率がよくなるのは当然である。

これだけの集中力をもって打席に立つような選手に対しては、囁きはほとんど意味をなさない。だが、捕手にとって幸いなことに、王のような打者は、何年にひとりもいない。

王は二〇〇八年シーズン限りでユニフォームを脱いだ。彼の監督としての最終戦は、秋雨の降る仙台での楽天との試合になった。尊敬する生涯のライバルの最後を勝利で飾らせてやりたい気もないわけではなかったが、こちらも最下位になるか五位で終わるかの瀬戸際だった。ましてや舞台は楽天のホームグラウンド、無様な試合をファンには見せられない。

相手のソフトバンクも王監督の最後を白星で飾ろうと必死に来ているのがわかった。試合は延長十二回にもつれこんだ末、楽天がサヨナラ勝ちした。王には気の毒だったが、接戦の末、ホームの楽天が勝ったのはよかったと今では思う。現役時代から真剣勝負を貫いてきた男の最後の試合としては、延長サヨナラ決着のような真剣勝負がふさわしかったのではないか。

言葉は剣より鋭し

剣聖・宮本武蔵は「言葉は剣より鋭し」「寸鉄人を刺す」と言ったそうだ。剣の道を極めた者だからこそ、人一倍言葉の持つ力に敏感だったのだろう。野球に置き換えれば、「160キロのストレートより囁きは鋭し」と言うことになるかもしれない。知略を巧みに使えば、130キロのストレートでも150キロ以上の効果を持たせることができる場合があるのだ。

私は捕手として囁きを使う一方、打者としても言葉の力を試してみることがあった。相手キャッチャーにわざと聞こえるように独り言をつぶやいて、相手の判断を迷わせるといった戦術は、成功したとき満足感が大きい。

生涯で十一本のサヨナラ本塁打を打った私の八本目などは、言葉のアシストで打てたものだ。

一九六八年の阪急戦、同点で迎えた九回二死で私が打席に入った。阪急の投手はエースの米田哲也、捕手はレギュラーに定着して二年目の岡村浩二だった。相手は私の一発を警戒してボールを続け、カウントは0—3になった。私としては、もちろん歩かされるより一発を打ちたい。普通の打者ならストライクを取るために、甘めのコースにストレートを投げてくるだろうが、私にそういう球を投げてくれるのは期待薄だ。

しかし、捕手の心理をうまく逆手に取れば、もしかしたらストレートでストライクを取りにきてくれるかもしれない。常に捕手として打者に心理戦を挑んでいた私は、自分が打者に回った時も、自然と相手バッテリーに心理戦を仕掛ける習性ができていたのだ。

私はたったひと言、「チェッ」と舌打ちするようにつぶやいた。独り言に見せて、捕手の岡村に聞こえるようにである。技術を要したのは、つぶやくタイミングだった。三塁コーチのサインを出す動きが止まった直後、「チェッ」とつぶやいたのだ。

当然捕手は私がサインを見る動作、そしてサインが出たあとの反応を観察している。この場面、セオリーは好球必打で、サインが出ることはほとんどない。にもかかわらず「チェッ」と舌打ちする。これを見たら、捕手は「ああ、野村は打ちたいのに、コーチは待てのサインを出したのだな」と判断するだろう。そう判断すれば、ストライクゾーンに甘いストレートを投げてくる。

ただ舌打ちするだけで、打ち気のない様子を見せてしまえば、相手はいわゆる三味線、わざと打ち気のない様子を見せてストライクを投げさせようとしていると判断するかもしれない。そこで私はわざとらしく思われないように、素振りをして見せた。

舌打ちと打ち気満々の素振りから、捕手はどう判断するか。捕手からすれば、本塁打は嫌に決まっているが、かといってむざむざ歩かせるのも納得がいかない。もし「待て」のサインが出ているならストレートでストライクが取れる。1―3になれば、そのあと変化球を投げて打ち取る可能性も出てくる。

岡村は舌打ちを聞き、素振りを見て、「待て」のサインが出たものと判断してくれるだろう。相手打者をよく観察し、しかも強気のリードをする岡村というキャッチャーの特徴を私は把握していた。だから「待て」だと判断するだろうと見たのだ。

私の期待通り、米田―岡村のバッテリーは０―３から甘いストレートでストライクを取りに来た。私は、それを待ってましたとばかりに本塁打することができた。

このケースは、「チェッ」というひと言が、「うまくすれば打ち取れるかもしれない」という捕手の山っ気を誘い出し、甘い球を投げさせたものだ。言葉の力が現われたケースとも言えるが、だからといって、岡村のキャッチャーとしての判断力が甘かったと批判しているわけではない。むしろ逆である。

注意深く打者を観察している捕手だからこそ、私のひと言からいろいろなケースを想定し論理を構成していって、「待て」のサインだと判断したわけで、もし注意力の散漫なキャッチャーなら、私の言葉による誘い出しはかえって成功しなかったかもしれない。当然私からすれば、誰にでもこんな手を仕掛けるわけではなく、相手捕手の特徴に合わせながら使い分けていった。打席でも、相手バッテリーの観察は絶対に欠かせないのだ。

囁きは「自分の世界」に入り込むのがうまい選手には通用しにくい。性格もタイプも違うが、長嶋も王も自分の世界に入るのがうまい選手だった。最近ではイチローなどもそうかもしれない。

反対によく審判の判定に文句をつけるような打者、現役ではオリックスのローズだとか、投手に感情的になりやすい打者、例えば藤川球児に変化球を投げられ「チンチンついとるのか！」と怒った清原和博などは、自分で試したことはないが、囁きが比較的通用しやすいタイプなのではないかと思う。

ローズなどは本塁打を四百本以上打っている優れた打者だが、一方で退場も多い。同じように長く日本で活躍している巨人のラミレスがいつもニコニコして判定にもほとんど注文をつけないのとは対照的だ。審判を味方につけられるかどうかも、知略のひとつである。

楽天の嶋基宏は、私の影響からか最近の若い捕手の中では珍しく囁き戦術を多用しているようだ。ローズとやりあっている場面も何度か見た。嶋は誰彼かまわず囁いているわけではない。ローズに囁くのはそれが効果的だと考えているからだろう。

効果的な囁きを駆使したのは、広島の達川光男あたりが最後ではないか。

「野球は言葉のスポーツ」というタイトルの本があった。野球における言葉の力は、他のスポーツよりもずっと大きい。その力を十分に生かすことは、知力の勝負である野球の魅力を拡げるように思うのだが。

第四章

知略の激突

森との革命

私は監督として五回、日本シリーズに出場し、三度優勝させてもらった。勝ったシリーズはもちろんすべて素晴らしい思い出だが、純粋に試合内容だけで言えば、一九九二年、ヤクルトスワローズの監督として初めて出場した日本シリーズが印象深い。当時、常勝軍団と言われた西武ライオンズを向こうに回して、最終の第七戦まで戦ったシリーズは、私の監督生活の中でも特に大きな節目になった。

このシリーズで西武を率いていたのが森祇晶だ。私の二歳下で、巨人V9時代のホームを守り続けた男である。

私は現役時代から森と親交があり、同じ捕手出身の監督として、いい意味でのライバル意識もあったので、戦力的には西武よりもはるかに劣ると言われながら、ヤクルトでなんとかひと泡吹かせてやろうと張り切った。セ・リーグの覇者として恥だけはかきたくなかった。最終的には勝てなかったが、翌年、ヤクルトは、西武から日本一の栄冠をもぎとる。二年にわたる森vs野村の日本シリーズを繰り広げた。戦いの当事者として、ファンの方の脳裏に刻まれる満足のいく戦いができたのではないかと思う。

森と私が知り合うようになったのは、前にも触れたとおり、シーズンオフの欧州旅行がきっかけだった。シーズン中に活躍したMVP選手に贈られるご褒美の旅でいっしょになり、意気投合したのだ。その後、巨人の川上哲治監督は日本シリーズで、私のいた南海以外のチームと対戦するとき（西本幸雄監督の阪急が多かった）、パ・リーグの情報を聞き出そうと、捕手の森を私の下《もと》に派遣した。それがきっかけとなって交流が深まった。

私はそれまで、自分なりに新しい捕手像を作ろうと模索していた。ただ丈夫で、肩が強く、投手の的になりやすいボールを受けるだけの存在ではなく、グラウンド上の監督として、投手を導き、試合をコントロールしてチームを勝利に導く演出家のような存在になろう、と決意していたのだ。

森にそうした考えをこだしにしてみると、彼も自分なりのやり方で、そうした模索をしていることがわかった。

「革命を起こそうじゃないか」

それがふたりの合言葉になった。

我々は共通する点が少なくなかった。私は早くに戦争で父を亡くし、苦労する母に楽をさせたいと考えてプロの道を選んだ人間である。森は県立岐阜高校という屈指の進学校に学び、東大進学も夢ではないなどと言われながら、家庭の事情でプロの門を叩いた男だった。森は、巨人入団に際しての契約金を父が事業に失敗した負債の返済に充てたという。

プロに入ってからの私は不人気のパ・リーグにいて、注目の的のセ・リーグ人気、巨人人気をうらやましく眺めていた。森のほうは、巨人のユニフォームは着ていたが、ON（王貞治・長嶋茂雄）という大スターの陰で、やはりどちらかと言えば、日の当たらない選手生活を送っていた。そういうどこか似通った境遇が、共感を覚える要因になっていたかもしれない。

現役時代の森は、相手の鼻を明かす鮮やかなリードをするというよりも、「V9の頭脳」と異名を誇ったように、インサイドワークを駆使し相手打者を研究し尽くした上で、慎重に打ち取る「負けない」リードをする捕手だった。

これは本人の性格にもよるだろうが、チーム事情も関係しているだろう。V9時代のジャイアンツは王、長嶋を中心に、圧倒的な攻撃力を誇っていた。少々のリードなら打撃でひっくり返せる。だから捕手は投手に無用な勝負を挑ませるようなことはせず、常に最少失点、最善はダメでも次善の策という選択をする傾向があったのだ。

のちに監督になってから、森は「グチの森」などとマスコミに呼ばれるようになった。

圧倒的な戦力を誇り、優勝目前になっても、「まだまだ」「どうなるかわからんよ」などと慎重なコメントを連発して、選手のミスに対してはいつまでもぶつぶつ嘆き続けることに由来するニックネームである。

私は必ずしも森がグチっぽいとは思わないが、メディアがそう呼びたくなる気持ちもわからないではない。彼には独特の執念、粘っこさがある。

そうでなければ、あの選手評価の厳しい川上監督の下で、ずっとレギュラー捕手の座を守ってはこられなかっただろう。

水原茂監督時代は、まだ控えに回ることが多かった森を、レギュラーに定着させたのは川上監督だ。強肩強打の藤尾茂さんを外野手にコンバートさせて森を正捕手に据えたのだから、よほど信頼していたのだろう。当時、川上監督と森捕手の間には、投手交代の独自のサインがあったことからも、森への信頼は厚かったと言える。

しかし、そこからが川上さんの恐ろしいところである。フロントと計って、毎年のようにキャッチャーを補強した。大橋勲、槌田《つちだ》誠、阿野鉱二など六大学のスターだった捕手を、まるで森を挑発するように獲得して、レギュラーの座を競わせたのだ。

森から直接聞いた話によると、バッテリーがカウント2―0とバッターを追い込んでから痛打されると、川上監督は激怒し、罰金制を敷いていたという。そのため、森は2―0から一球ボール球を投手に要求するようになったという。2―0から一球ボール球を挟む球界の悪しき慣習はここから始まったのだ。

普通なら嫌気が差してしまうところだが、森はそうした「愛のムチ」に耐え、インサイドワークを最大の武器にライバルたちを蹴落とし、レギュラーの座を明け渡さなかった。少々のケガでは決して休まなかったのも私と似ている。正捕手・森の頭脳と執念がなければ、いかにONがいても、巨人のV9は達成できなかったのではないだろうか。

スパイ作戦

巨人の野球が個人の力だけに頼るのではなく、組織的で、時には勝つために手段を選ばない抜け目ないものだった例を挙げておこう。

森が現役を引退したあと、私は彼にジャイアンツの「サイン解読」について問いただしたことがある。日本シリーズで六回対戦した中で、何度も球種を見破られて、痛打されたことがあった。私からすると、それは巨人がこちらのサインを解読している、悪く言えば、盗んでいるせいだと思われたからだ。

一九六五年の日本シリーズでは、南海の一勝三敗で迎えた第五戦、一打サヨナラの場面で、エースの杉浦が投げた渾身のシュートを、新人の土井正三が待ってましたとばかりにレフト前に打ち返した。これで南海は敗れ去ったわけだが、新人の土井に私と杉浦のバッテリーの配球を見破る「読み」ができるとは到底思えなかった。そんな疑問が重なり、私はそのことが脳裏を離れず、森が現役引退をしてだいぶ経ってから、サイン盗みについて問いただしたのだ。

森はなかなか口を割らなかったが、最後は根負けして、しぶしぶそれを認めた。専門の係を置いてサインを解読する、言ってみれば「スパイ作戦」を採用していたのだ。

これは巨人の専売特許というわけではなかった。先鞭をつけたのは西鉄の三原脩監督だと言われる。それに対して西鉄のライバル、我が南海のサインは単純極まるものだった。鶴岡監督がユニフォームのベルトに触れれば送りバント、あごをしゃくれば盗塁という具合で、見破られても当然だった。見かねたコーチが「サインを変えたほうがいいですよ」と進言しても、監督は「捕手のサインを覗く? プロがそんなことをするか!」と一蹴してしまう。横で聞いていた私は、プロだからこそ盗むのではないかと思ったものだ。

パ・リーグでは阪急ブレーブスもサイン盗みに熱心だった。阪急のスパイ作戦は関西人らしいユーモア精神があった。

まずスパイ役の人物に場内案内係の制服を着せ、センターのスタンドに配置する。捕手の球種を実際に双眼鏡で覗き込み、解読するのはスコアボードの陰に隠れているもうひとりのスパイである。このスコアボードの影のスパイがトランシーバーを使って、変装したもうひとりのスパイに球種を伝える。それを受けて、変装したスパイは直立不動になったり、横を向いたりする。直立不動ならストレート、右を向いたらカーブといった具合である。

相手チームの球場の場合は、男女のスパイ役を配して、くっつけたり離したりしながらサインの中身を伝えていた。今から思えば牧歌的な作戦である。

V9の巨人はさすがによく練り上げられた策をとっていた。スパイ作戦のポイントは、いかにキャッチャーのサインを読み取って打者に伝えるかという伝達の方法にある。二塁に走者がいる場合、ストレートだと読むと二塁ベースから数歩投手の方向に進み、それからリードを取り直す。カーブの場合は走者はいったん体をライト方向に向けて、それからリードを取り直すという洗練されたものだった。

ただ巨人は、こうした作戦を乱用したわけではない。日本シリーズでもここ一番という場面でしか使わなかったようだ。紳士たれ、の伝統はこのあたりにも生きていたわけだが、それでもやられる側からすれば、たまったものではない。

言うまでもないことだが、サイン盗みや走者が打者にサインや捕手の位置を知らせるといったことは、現在の野球規則で禁止されている。「読み」を磨くことはあっても、スパイ行為は過去のものになったといってよいだろう。

知将、相撃つ

私と森が初めて監督として顔を合わせた西武ライオンズ対ヤクルトスワローズの一九九二年の日本シリーズは「知将対決」などと言われた。両チームの監督が捕手出身というだけでなく、同時にそれぞれのチームが監督の分身のような存在のキャッチャーをチームの要に配していたからだ。

西武はベテランの伊東勤がマスクをかぶり、森の分身として、工藤公康、渡辺久信、郭泰源、石井丈裕といった強力な投手陣をリードしていた。

対する古田敦也は入団三年目。伊東に比べると、プロとしてのキャリアも大舞台の経験もはるかに劣っていたが、私は新人の時から手許に置いて、配球のイロハを叩き込んだつもりだったから、ある程度期待に応えてはくれるだろうと考えていた。戦力的に劣るヤクルトが、第七戦までもつれ込む戦いができたのは、古田が私の指導を忠実に実行してくれたのが大きかった。しかし、逆王手をかけられるという王者としては苦しい展開を凌《しの》いで、最後に西武に勝利をもたらしたのは、伊東の冷静なリードだった。

新聞などは、このシリーズのことを、「キツネとタヌキの化かし合い」などと評した。「ボヤキの野村」と「グチの森」が腹の探り合いをしながら、相手を騙す手をあれこれ考える。そんな図式なのだろう。だが、実際にグラウンドでタヌキとキツネの役割を担ったのは、伊東と古田だったのだ。

この日本シリーズでいかにも森らしいと思ったのは、第六戦に工藤公康を先発させてきたことだ。工藤はシーズン終盤、足の故障と称して、しばらくマウンドから遠ざかっていた。シリーズに入っても第五戦までは登板せず、森をはじめ西武の首脳陣も登板は無理だということを匂わせていた。だから私も当然、工藤は出てこないものと考えていた。

ところが西武の三勝二敗で迎えた第六戦に西武は工藤を先発に立ててきたのだ。このシリーズでの西武のエースは石井丈裕だった。その石井を第七戦に温存して、足に不安はあるが、もしかすると豊富な経験を生かして好投するかもしれない工藤を立てて来る。騙し討ちというのではないが、こちらの意表を突く作戦であり、しかも自分のところは工藤で落としてもまだ余裕がある。慎重で小憎らしい森の特徴が表れた起用だった。

私は「森のタヌキめ」と思ったものだ。

幸い、この試合は工藤が不調で、ヤクルトは三回途中でマウンドから引きずりおろすことができた。激しい点の取り合いの末、延長十回に最後は秦真司のサヨナラ本塁打で勝つことができたが、選手は消耗し、翌第七戦は石井に抑えられて日本一を逃してしまった。

当時の西武は清原和博、秋山幸二、デストラーデの大砲から石毛宏典、辻発彦、平野謙といった曲者まで、あらゆるタイプの打者が揃っていた。能力が高い上に、みな森直伝の組織的で緻密な野球をよく知っていて、自分の役割に対する理解が深かった。清原のような打者でも、走者を置くと、自然に右狙いができてしまう。こういうチームはブンブン振り回すだけの、長嶋監督時代の巨人のような打線よりもはるかに恐ろしい。

投手にしても、工藤、渡辺、郭、石井の先発に加えて、「三本の矢」と呼ばれた鹿取義隆、杉山賢人、潮崎哲也のリリーフ陣とまるでオールスターのような布陣だった。こういうチームと戦うことは、選手はもちろん、監督にとっても大きな財産になる。

工藤の先発のように、相手の裏をかく情報戦もよい教訓になったが、実際のプレーでものちのちまで財産になるような作戦面でのヒントがたくさんあった。

「ギャンブルスタート」などはその代表的なものだろう。第七戦の七回裏、一死満塁で一打勝ち越しというチャンスで、我がヤクルトは得点をあげることができなかった。内野ゴロで本塁に突っ込んだ走者の広沢克己がフォースアウトになってしまったのだ。

私は満塁になった時、代打にベテランの杉浦亨を送った。第一戦で代打満塁サヨナラ本塁打を打ったヒーローである。好調の杉浦なら、悪くても外野フライは打ってくれるだろうと期待したのだ。西武も杉浦を警戒して、ボールカウントが悪くなる。1―3になった時点で、これは押し出しもあると私は内心ほくそえんだ。

そして第五球。絶好球のストレートが来た。あまりにいい球だったので、杉浦は一瞬あせってしまった。意識はライトスタンドに飛んでいたのだ。そのため打球はボテボテの当たりになって二塁に転がった。

「これなら本塁に投げてもアウトにはならない。二塁手はあきらめて一塁に投げるだろう」

ところが、二塁手の辻は体をひねって本塁に送球した。その瞬間、「しめた！　悠々セーフだ」と思った私は目を疑った。三塁走者の広沢が本塁で封殺されてしまったのだ。

なぜスタートが遅れたのか。ベンチに戻った広沢に問いただすと、彼は「ライナーで併殺になるのが怖かったからです」と答えた。確かに、広沢の考えには理にかなったところはある。二死なら迷わずスタートだが、一死ならライナーの場合は戻らなければならない。打球の判断が必要だ。だが、場面は日本シリーズ第七戦の七回、一点取れば勝ち越すだけでなく、試合は大きくこちらに傾く。ただの勝利ではない。日本一になる勝利である。そういう場面では、セオリーにとらわれず、思い切ってギャンブルするつもりで、打球が飛んだ瞬間にスタートを切ることも必要だ。

このプレーをきっかけに、私は「ギャンブルスタート」という戦術を新たに採用することにした。場面によっては、ボールがバットに当たった瞬間スタートを切る。ライナーでアウトになったら仕方がない。勝負事には賭けも必要である。

二〇〇九年の五月三日、楽天とオリックスの試合で、私はギャンブルスタートを使った。場面は同点の八回一死二、三塁。私は二、三塁になった時点で、三塁走者の代走に小坂誠を送っていた。守備と走塁のスペシャリストである。そして私は小坂にギャンブルスタートの指示を出した。

つぎの打者、中村紀洋の当たりはボテボテの二塁ゴロ。オリックスベンチは当然一点もやらないつもりで内野手には前進守備を取らせていた。もし、打球が飛んだ結果を確かめてからスタートを切る普通の形だったら、広沢の時と同じように本塁突入は失敗しただろう。しかし、小坂はバットにボールが当たった瞬間、躊躇せず本塁に突っ込んだ。小坂の足もスライディングも見事だったが、ギャンブルスタートの指示がなければ、勝ち越し点は奪えなかっただろう。この勝ち越し点は相手に心理的なダメージを与えたようで、その後、楽天はさらに三点を取って快勝した。

「ギャンブルスタート」は、走塁戦術として今ではどのチームも採用するセオリーになっている。ファンの人でさえ、「あっ、ギャンブルスタートだ」と叫ぶこともあるそうだ。

その作戦も、本をただせば、森西武との激闘の中、日本シリーズ最終戦の苦い失敗を経て生まれたものだったのだ。

私は現役を退いて評論家をしている際、森と捕手像を巡って対談をしたことがある。それをこの前読み返してみたが、お互いなかなか面白いことをしゃべっていた。

私は試合で相手に十点取られたら、もうあきらめてしまうタイプ。十一点取られようが、十二点取られようが、同じだと考える。ところが森は違う。

「十点取られても、あとの一点をとにかくやらん、という考え方がキャッチャーには一番大事なこと。勝負なんてどう転ぶかわからない。あきらめたら、そこで終わりだ。一点取られても、二点目はなんとか防ぐ。その一点が必ず長いシーズンのどこかで響いてくる」

日本シリーズで戦ってみると、西武の正捕手伊東には森の考えがしっかり伝わっていた。このときのヤクルトは、若い選手が多く、投手に抑えられていても、意外なところで本塁打が飛び出したり、下位打線が連打したりする。勢いがついたら止らない。根気よく戦わないと、意外性にしてやられてしまうのだが、伊東はヤクルトがサヨナラ本塁打や勝ち越し本塁打で勢いのつくような勝ち方をしても、つぎの試合ではそれに巻き込まれない粘り強いリードを見せていた。

十点取られても十一点目はやらないぞという粘り、執念は、やはり森野球の最大の特徴で、伊東はそれをよく体現していた。

監督になってからの森は、大きくリードしている後半の場面でも、ダメを押すように送りバントで走者を進めることがよくあった。これは、森の師匠である川上監督もよくやった作戦だが、一点が後々どう響いてくるかわからない、という考え方は、実は現役時代に培われたものだったのだ。

知のライバル

監督としての森とは二年続けて日本シリーズを戦い、一勝一敗。同じ捕手出身の監督でもあり、好敵手といってよかった。ただ、現役時代はリーグが違うので、日常的な競争相手ではなかった。私はパ・リーグで特にライバル視した捕手はいなかったが、それでも、なかなか優れたものを持っているなと感心した選手は何人かいた。

私のいた南海のライバルは、一九五〇年代から六〇年代前半は西鉄ライオンズ、六〇年代後半から七〇年代にかけては阪急ブレーブスだった。

大エース稲尾和久がおり、打線には中西太、大下弘、豊田泰光などの強打者が揃っていた西鉄には、和田博実という頭脳派捕手がいた。入団は私より一年後だったが、三年目からレギュラーに座り、西鉄の日本シリーズ三連覇に貢献した。

南海の鶴岡監督は、私に刺激を与える狙いがあったのか、西鉄とパ・リーグの優勝争いをしている最中によく和田のリードを絶賛した。

「あれは頭のいいやっちゃ。あれがプロじゃ、よう見とけ」

そんな皮肉を聞こえよがしに言われたこともある。

和田は稲尾との名コンビを謳われた。稲尾は歴代の名投手の中でも抜群の野球頭脳と、それを生かすコントロールを持っていた。だから捕手からすれば、こんなにリードの楽な投手、逆に言えばやりがいを感じない投手はいなかったと思うが、和田は、稲尾のよさをひたすら引き出し、気持ちよく投げさせることに徹して次々と大記録を作らせた。

捕手は名投手に育てられるという側面もある。私は杉浦と組むと、楽はできる反面、キャッチャー冥利は感じなかったが、それでも、ほんとうの秀でた投手、エースとはこういうものだという本質を教わり、後に監督としての投手育成に大いに役立った。おそらく和田も稲尾とコンビを組まなければ、プロでも捕手としての活躍ぶりはもっと違ったものになっていただろう。

また六〇年代後半から、西本幸雄監督の下、力を付けて、優勝争いの常連になった阪急には岡村浩二、中沢伸二などなかなか優れた捕手がいた。

私が「チェッ」という囁きと素振りの演技で岡村の読みの裏をかいてサヨナラ本塁打を打った話は第三章で紹介した。しかし、あの作戦が成功したのは、岡村が状況をよく考え、打者の心理を冷静に読んでリードしようとする気持ちの強い捕手だったからだ。負けず嫌いで、本当にキャッチャーというポジションが好きな男だった。もし、投手の持ち球を順番に投げさせればなんとかなるといった考えの、凡庸なキャッチャーなら、私の作戦はかえって通用しなかっただろう。

当時の阪急は、米田哲也、梶本隆夫、足立光宏など、完投能力の高い優秀な投手が揃っていた。しかし、西本監督が就任して、若い野手を鍛え上げ、優勝争いするようなチームになるまでは、投手は勝つことは勝つが投球はどちらかといえば、配球の組み立てよりも自分の力を正面からぶつけるだけの単調な形が多かった。それらの投手力が上手くかみ合って、優勝争いの常連になるのは岡村が先発マスクをかぶるようになってからだった。これだけを見ても、岡村の力は推し量ることができる。

岡村のあとを受けて、阪急の正捕手になった中沢伸二は遅咲きの選手だった。高校からプロ入りしたが、レギュラーになったのはプロ入り十年目のシーズンだった。捕手は一人前になるまで時間のかかるポジションだが、ここまで遅咲きというのもあまり例がない。逆に言うと、阪急はレギュラーにはしなくても、中沢のよさを買っており、世代交代の時期が来たら、マスクをかぶらせるつもりだったのだろう。

当時の阪急は西本監督のあとを受けて、上田利治さんが監督になっていたが、キャッチャー出身の上田監督は、中沢の下積み経験を高く買っていたようだ。

中沢については思い出がある。一九八四年、阪急と広島が対決した日本シリーズのことだ。このシリーズで阪急は大ベテランで動きや打力に衰えの見えていた中沢ではなく、若くて打力のある藤田浩雅にマスクをかぶらせることが多かった。だが、当時、評論家の私の眼からみると、藤田のリードは単調で、山本浩二、衣笠祥雄など経験豊富な、打席での「読み」に卓越した広島の打線にきちんと対抗できていないように思えた。

そこで、私は上田監督に「中沢を先発させてはどうか」とアドバイスしてみた。すると上田監督は「中沢の頭脳についてこられるのは、山田久志ぐらいだ」と言った。中沢の考え抜いたリードの意図をきちんと理解して投げることができるのは、エースの山田久志しかいないというのだ。しかし、これはペナントレースでは通用しても、短期決戦の日本シリーズでは通用しない論理に思えた。日本シリーズでは、中沢の頭脳にチーム全員がついていかなければ、五分五分の実力を有する日本一の栄冠を争う戦いには勝利できない。結局、このシリーズ、中沢の出番はほとんどなく、阪急は広島に敗れた。

山田久志の名前が出たので、彼にも少し触れておこう。若い頃の山田はアンダースローの快速球投手だった。少々コントロールが甘くても、速いボールさえ投げていれば打たれることはないと考える阪急の絶対的エースだった。相手としては厄介な投手である。

だが、山田は一九七一年の日本シリーズで、巨人を完封寸前まで抑えながら、最終回に王貞治に三球ともストレート勝負に挑み、サヨナラ3ランを打たれたのがきっかけで、徐々に技巧派に転進していった。山田がシンカーを新たに身につけたのは、それ以来であり、シンカーを駆使することで頭脳派の投球に一層、磨きがかかった。

打者としての私にとっても、次の一球を読み合う、他の投手にはない対戦の深みが山田との勝負にはあった。

山田の転身は本人の努力が大きかったが、中沢のリードがそれをアシストしたことも確かだろう。阪急はどちらかというと、足をからめた攻撃と堅い守備が売り物のチームだったが、捕手も代々すぐれた選手を輩出した。「名捕手のあるところ覇権あり」である。

古田の野球頭脳

私は野球の中で、投手というのは特別な人種だと考えている。子どもの頃、ほとんどのチームメイトはまず投手をやりたがった。

「ピッチャーが投げなければ野球は始まらない」

それが彼らの考えで、だから投手こそが野球の主役というわけだ。一方、私は捕手こそが野球の中心と子どもながらに考えていた。

「キャッチャーがサインを出さなければ、野球は始まらないぞ」

そう反論したものだ。

「投手こそが主役」

プロに入ってくる投手たちも、そうした考えで育ってきている。それだけにマイペース、唯我独尊、目立ちたがりで、扱いに手を焼くことが少なくない。そして野手の中にも時にこうした投手的性格を併せ持った選手がいる。

私の見た経験でいえば、投手型の捕手の代表は古田敦也ということになる。

古田は入団した年のキャンプで見たときから、送球、捕球に関しては素晴らしい能力を持っていた。なにしろ、捕球してから二塁に送球するまでの時間を計ったら、当時捕手をしていた飯田哲也に遜色なかったほどだった。飯田はのちに外野手に転向してゴールデングラブの常連になるくらいだから、肩の強さ、送球の正確さは目立っていた。新人のキャンプの時点で、その飯田に負けなかったことからも、古田の送球の優秀さがわかる。肩はいわゆる鉄砲肩というのではなかったが、なにしろ送球の動作が速い。体の使い方が抜群だった。捕球も腰がしっかり落ち、安定していて新人とは思えなかった。

私は古田を見た時点で、正捕手に据えるのはこの男しかいないと思った。しかし、私は開幕からしばらくは古田を先発で起用しなかった。各球団との対戦が一回りするまで他のキャッチャーで行く。そのほうが古田のためにもチームのためにもよいと判断したのだ。

古田はメガネをかけているということで、ドラフトでの評価は高くなかったが、経歴はエリートだった。甲子園の経験こそないが、立命館大学で活躍し、社会人のトヨタ自動車に入ってからは、日本代表としてソウルオリンピックに出場して銀メダルも獲得している。オリンピックでは野茂英雄、石井丈裕、潮崎哲也など、のちにプロで大活躍する社会人野球の一流投手をリードした経験があった。

こうした経歴の選手をいきなりレギュラーに抜擢したらどうなるか。私は大卒の捕手は大成しないという考えを持っていた。特に大卒ですぐにレギュラーの座を与えられると、プロを甘く見て、配球術を学んでリードの面でうまくなろう、向上しようという意欲が薄れる。また、大学や社会人野球の間に、妙なクセを覚えさせられていることが多々ある。

古田もレギュラーに抜擢すればそうなる危険がある。それは本人にとってもチームにとっても不幸なことだ。

おそらく技術的には自分のほうが上だと思えるのに、先発に起用されないことで、古田は刺激を受け、思うところも多かったろうと想像される。

開幕から一ヶ月ほど経ち、他球団との対戦がひと通り終わった頃、私は古田を呼んで、「レギュラーをやる。おまえの打撃じゃ、せいぜい二割五分が精一杯だ。だからよく配球術を勉強しろ」と言い渡した。

早く一人前になって欲しかったので、自主性に任せるだけでなく、私が積極的に教えることにした。

まずベンチでの席を、私のすぐ前と決めた。こうすると私の話をしっかり聞き取ることができる。同じ近くでも、うしろだったり、横だったりすると、話が聞き取れないし、聞いているかいないか、こちらでわからないこともある。前の席が一番なのだ。楽天の捕手、嶋らの教育法も同様である。

私は投手のクセや性格、相手監督の作戦傾向や野球観の特徴などから球種を当てることには自信があった。「次はこれが来るぞ」と言えば、七割以上的中したのではないか。当時のヤクルトはおっとりしたチームで、「相手の球種を読む」などという情報分析をやる選手はまったくいなかったから、みんな驚いたようだ。データ分析を提示し、なぜそう判断したかという根拠を話す。古田に直接語りかけることもあれば、他の選手やコーチにしゃべったり、独り言をボヤくような形で古田に聞かせることもやった。そうした中で、彼は配球の要点を学んでいった。

古田を試合に起用するようになって、私は彼の性格が徐々にわかってきた。のんびりした人のよさそうな風貌をしてはいるが、内面は大変勝ち気で自信家、派手なプレーをしたがる目立ちたがり屋の傾向がある。投手に近い性格の選手だということがわかってきた。

私は古田を起用しはじめた頃は、「配球に困ったら俺を見ろ」と言った。ピンチになると、ベンチからサインを出すこともあった。古田も当時は配球術にまだ自信がなかったのだろう、しょっちゅう「サインを送ってくれ」と合図することがよくあった。しかし、いつまでも私を頼っているようだと成長はない。

「おまえに任せているんだから、ピンチになっても自分で判断しろ。用があったらこちらで呼ぶ」

あるとき、そう言い渡したことがある。自信家の古田のことだから、「わかりました」

と言って自己流のリードをするのかと思ったら、意外な答えが返ってきた。

「大事な場面では、監督にやってもらったほうが間違いがないと思います」

チームが勝つためには、私の判断のほうが安心だというのだ。私はその謙虚さに、少し意外な気持ちを持った。

今から思えば、古田は自分のリードに不安を感じ、私からできるだけのものを盗んでおこうと考えたのかもしれない。

「なるほど、この場面ではこういう配球をするのか」

レギュラーに定着し、日本一も経験して、頭脳派などと呼ばれるようになると、古田は私にサインを求めることはなくなった。無茶な配球で勝負するという本来の性格が現れてきたという面も多々あったが、ことリードに関しては、すぐれた野球センスがあり謙虚に人の意見に耳を傾け、向上しようという気持ちが強かった。それが、性格的には投手型のキャッチャーでありながら、日本一の捕手などと評価されるようになった理由だろう。

古田が首位打者になった背景

「打つほうは、頑張って二割五分を目標に打って行け」

私は古田にレギュラーの座を与えたときそう言った。それほど打撃は非力だったのだ。

「これは八番が適材適所だな」と思った。

ところが二年目の一九九一年、突然目覚めて打ちまくり、首位打者を獲得してしまった。古田は私から学んだ配球術を打撃に活かし、打撃開眼に至った。私はそう思っている。私も敵のバッテリー心理や配球を自分なりに考えるようになって、打撃が飛躍的に向上した。

古田の打撃向上は、配球のイロハを活かしたのだ。

一試合の中の配球には関連性がある。捕手はある球種で打者を打ち取ると、次の打席は、その結果球から配球を組み立ててゆく。例えば、打者がストレートをホームランしたとする。次の打席では、ストレートのマーク度が薄れる打者心理を逆手にとって、初球ストレートから入るといった具合だ。

古田はプロの捕手として経験を積む中で、そうした心理戦もよく理解するようになった。

「前の打席でストレートを打った。打者は次の打席は、初球変化球から来るだろうと読む。

だからもう一度ストレートから入る」。結果球を逆手にとって打者を打ち取ろうとするバッテリーの狙いがよくわかる。つまり、キャッチャーの狙いが読めるから、バッターボックスに向かった古田のほうは、その裏の裏をかくといった感じで待つ。

捕手は裏街道を行く種族である。

「裏をかいてまたストレートで来る。だから、ここはストレートを待てばいい」

二年目になると、捕手として磨いた読みがズバズバ当たるようになった。

古田は意志が強いので、一度決めたことは頑固に変えない。打席で言えば、「決め打ち」が得意だった。首位打者を決めた打席で、古田は広島の足立亘という投手から安打を打った。足立は細かい制球力はないが、スリークォーターから球威のある球を投げる。当時の広島の山本浩二監督は、本塁打王や首位打者の経験もある打者出身の監督だから、変化球より力のあるストレートで勝負させるだろう。そう読んだ私は古田に「ストレートを狙って行け」と指示した。

だが、こうした打席で忠実にストレートだけを待つのは案外、難しい。ヤマを張ることに迷いが生じて、腰が引けたり中途半端な打撃になったりすることが多いのだ。しかし、古田は最後までストレートを待って三遊間を抜く安打を放った。あの頑固さ、腹の座り具合は投手型の捕手である彼のよい面が見事に出た打席だった。また、クセのある投手は、古田の餌食だった。

参謀の重要性

古田がヤクルトスワローズの選手兼任監督に就任すると聞いたとき、私はメディアに「賛成できない」とコメントした。私がプレーイングマネジャーになった三十年以上前と違い、現代の野球は作戦面のプレー内容とデータ分析が複雑多岐になり、役割も細分化されている。とても選手兼任で監督が務まる時代ではない。

心配どおり、古田は監督として思ったような実績は残せず、選手としてもまともに出場する機会のないままユニフォームを脱いだ。

古田は投手型の捕手の典型だから、監督として成功するには捕手的性格の計略家の参謀が必要なのだ。

「オレをヘッドコーチにしたら成功したのに」

古田がユニフォームを脱いだとき、私はそんな声をかけた。話を聞いた人は、たいがい冗談だと思ったようだが、決してそうではない。女房役に捕手型の参謀を置けば、監督としてもう少し彼のよさが生かせたのではないかと今でも思っている。

私は古田が監督として成功できなかった理由のひとつにヘッドコーチの起用があると考えている。古田はヘッドコーチに伊東昭光を選んだ。伊東は現役時代、古田とバッテリーを組み、投手コーチの経験もある。経歴だけを見れば適任のようだが、問題は、伊東と古田がいわゆる「仲良し」だったことと投手は、視野が狭く、野手の気持ちの理解に欠けるという欠点がある。しかも仲良し同士が首脳陣を形成すると、どうしても苦言はいわず、互いにかばいあうようになる。特にヘッドコーチは時には監督に厳しい指摘をしなければならない立場である。にもかかわらず、仲がよいということで起用されてしまうと、なかなかそうはいかない気がする。伊東は投手コーチとしてそれなりの実績があったが、作戦全体を見るヘッドコーチとしての経験はない。投手というのはチームの中でも独立国で、投手コーチはその元首みたいなものなのだ。

監督としての古田が苦労したのは、自らの「投手的性格」という個性に加えて、組閣の方針にも問題があったからだ。

古田の年齢と経歴からすれば、もう一度監督の声がかかるかもしれない。おそらくそれは彼にとって最後のチャンスになるだろう。もしそういうことになったら、耳の痛いことをいってくれるヘッドコーチを置くことを勧めたい。

第五章

プロの絶対条件

野球心理学者たれ！

私が捕手というポジションの真の面白さがわかりかけてきたのは三冠王を獲る三十歳前後のことだった。プロとして一人前と呼ばれる段階に達するまで、十年の時を要している。捕手は捕って投げる能力だけが大事なのではない。むしろ、投手の気持ちをよく汲み取って、良いところを引き出し気持ちよく投球させる。そして、相手打者の狙いを読んで、その裏をかく、人間の心理に精通することが大事だと思うようになった。

捕手の条件は、相手打者の分析、観察、洞察、記憶、推理等の力をつけることである。若い頃というのはとっぴなことを考えるものである。人間の心理に精通するにはどうするか。専門家に聞けばよい。心理の専門家と言ったら心理学者だ。私は知り合いの新聞記者に頼んで、大阪のある大学の心理学者を紹介してもらった。

専門家にはどんな話を聞けばよいのか。いろいろ考えながら、その方のお宅を訪ねた。プロ野球選手が心理学の話を聞きに来るなど、先方からすれば思いもよらないことだったのだろう。物珍しそうに私を見ながら、先生は心理学のイロハを説く前に、いろいろ質問を投げかけてきた。訊かれるままに、私は自分の経験や持論を話した。

野球は体だけでやるものではない。相手の心理を読まなければ、よい結果を出すことはできない。中でも、捕手は最も人間心理に精通していなければならない。そう考えて心理学に興味を持った。

自分は試合の中で、対戦相手の心理を探るために、こんなことをしている。打者や投手の気持ちというのは、プレーのこういう局面によく現れる。

実際のプレー体験を交えながら、かなり長い時間、持論をまくし立てたのを覚えている。

ひと通り聞き終えると、相手の先生は言った。

「野村さん、あなたは心理学の勉強なんてする必要はありません。これまでやられてきたことが、十分に心理学になっているんです。あなたは立派な心理学者ですよ」

そう言っておしまいだった。私はなんだか釈然としないまま、引き下がった。「あなたは立派な心理学者だ」と言われても、そんな自覚はまったくない。厄介払いされたのかと思いながら、何もしないで帰るのも納得できないので、帰り道、書店に寄って心理学の専門書を二、三冊買った。

家に帰って本を開いてみると、むずかしいことがたくさん書いてある。「数理心理学の方程式がどうこう」などと言われても、基本的な知識すらないこちらにはチンプンカンプンである。

「ああ、心理学を専門的に勉強しようなんて、とんでもない間違いだった」

痛烈に思い知らされた。そして、「あなたは立派な心理学者です」と言われた意味がわかった。私は野球選手だ。なにも心理学の専門家になるわけではない。野球の専門家になればいい。経験に基づいた心理学で十分なのだ。あの先生はそういう意味で、「あなたは立派な心理学者だ」と言ってくれたのだろう。

私はこれまで、講演や著書の中で、「プロは心理学者たれ！」といった意味のことを繰り返し説いてきた。しかし、それは言うまでもなく、野球選手としての、あるいはその職業の専門家としての心理に精通しろという意味で、学問として心理学を勉強しろという意味ではない。野球という実戦の舞台の中で、人間の心理がどのように動いてゆくか、プロはそのことに常に頭を働かせ、目を向けろ。それが私の言う「野球心理学者たれ」なのだ。

適材適所を見誤るな

私が「考えて野球をしろ」とか「もっと頭を使え」と言うと、「理屈ばかりでは役に立たない、野球は気合いだ」とか「どんなに頭を使っても、素質のある選手には勝てない」といった反論をする人がいる。最近はだいぶ私の考え方が受け入れられるようになってきたが、現役を引退して、評論家になり、「考える野球」の重要性を提唱しはじめた頃は、そういう批判をする人が多かった。

私はなにも、身体的な資質など必要ないと言っているのではない。捕手で言えば、体が大きく、頑健で、しかし動きは俊敏、そして強肩という肉体的条件を兼ね備えていれば理想的には違いない。

だが、そんな恵まれた選手がどこにでも転がっているわけはない。それに、肉体的素質を持っているだけでは生きてゆけないのがプロの世界なのだ。

データを生かす視座を持つことと同様に指揮官の役割で最も重要なのは、選手の適性、適材適所を見誤らないことだ。

アマチュアの指導者の中には、身体能力だけでポジションを決めてしまう監督が多い。だから、最初はうまくいっても上達が止まったり、本人の嫌気が差したりしてしまうことがしばしばある。適材適所を見誤ってしまうケースが多い。

ヤクルトの外野手だった飯田哲也などは、危ういところでそうならなかった例だ。肩の強さを買われ、拓大紅陵高校の時、キャッチャーになった飯田だが、理詰めで考えるより体が先に動くタイプで捕手に向いているとは言えない。俊足だったのでそちらも生かしたい。いろいろ試した末、外野にコンバートさせた。

もし飯田が、肩の強さだけを頼りに捕手を続けていたら、名外野手どころか、一軍でのポジションも獲得できないまま、ユニフォームを脱いでいたかもしれない。

またヤクルト監督時代、「ID野球の優等生」だった土橋勝征《かつゆき》は、高校から二軍時代までは本塁打記録を持つパワーヒッターだったが、一軍では打撃成績が伸び悩んでいた。そこで私は、「おまえはアベレージヒッターの黒子に徹せよ」とアドバイスした。非常に練習熱心であり、職人気質の適性があったからだ。土橋は巧みな右打ちに開眼し、ボールがバットに当たる寸前でも打球方向を変えられた。一九九五年の日本一の際、私は「土橋は裏ＭＶＰだ」と評した。

飯田と同様、土橋も先入観にとらわれた起用をされていれば、玄人好みの名脇役となることも、内外野のポジションを自在にこなすユーティリティプレーヤーとして、ヤクルト一筋二十年のプロでの活躍を見せることもなかったろう。

プロの絶対条件

長嶋が監督だった時代の巨人のように、すでに一流の実績を残している選手を資金力に物を言わせて、ＦＡで獲得するのならともかく、普通のチームの監督は、まず選手を育てるところから始めなければならない。監督が交代するのはたいていチームが新旧交代の時期に差し掛かっていることが多い。主力の全盛期に監督が替わることはまずない。

これからのチームを担う人材を育てる時、選手がどのポジションに向いているかを考えるのは重要だ。私はその際、まずその選手の性格を考えるようにしている。自己顕示欲が強く人の話に耳を傾けないといった性格なら、投手向きで、捕手にはあまり向いていない。反対に、功を人に譲ることを苦にしない、負けず嫌いといった性格でチーム一野球好きとくれば、それは捕手に向いていると見る。すなわちバッテリーとは、プラスとマイナスの関係なのである。

野手は性格による適性などはそれほど考えなくてもよいが、身体能力にばかり目を奪われて育てようとすると、強肩だけを買われて捕手をさせられた飯田哲也のようなことになってしまう。

選手の性格を把握して、ある程度、そのポジションに適性があるとなったら、今度は、その上に、プロとしての技術や思考法を身につけさせるように鍛えてゆく。

プロとしてステップアップするために、身につけたい絶対条件を、整理してみよう

一．観察力

普通の人から見ればなんでもない出来事に、専門家にとっての重大なヒントが隠されていることはよくある。

例えば打者が嫌うのは投球に対して肩が開いてしまうこと。開くというのは、左打者でいえば左肩、右打者で言えば右肩が外側に動いてしまうことで起こる。もし、打者が見逃したとき、肩が外側に動いていたら、それは意識、狙いが内角にあるということだ。内角の球を狙っているから肩を動かして体が開き気味になるわけだ。こういうときは外角で打ち取る。

こうしたところに着目する観察力を養うことは、バッテリーにとっては時に選手生命を

左右することにもなる。

反対に肩がかぶさってくるようなときは、開かないように意識しているのだから、内角を攻め、内角を意識させ、壁を崩す努力をする。

私はあるとき、イチローの打撃論を聞いていて、なるほどと思うところがあった。イチローは「打席の中で注意しているのはただ一点、左肩だけ」だというのだ。左打者のイチローは、自分の左肩が投手のほうに向けて、開かないようにという一点だけを常に注意しているというのだ。イチロークラスの打者でも壁が崩れるのは怖い。開かないために、常に左肩に意識を置く。逆に言えば、肩を観察することで、バッテリーは打席での打者の気持ちをかなりの程度推し量ることができるのである。

観察力は天賦の才とばかりは言えない。むしろ、根気強く自分に言い聞かせ、物事をじっくり見る習慣を養うことで高めることができる。言ってみれば、努力で身につけられる力といってよいかもしれない。

二〇〇九年のシーズン、イチローは九年連続二百本安打の大リーグ記録を打ち立てた。金字塔を打ち立てたコメントでイチローは、「二百本安打に至る百九十九本がある」と述べた。日々、変わらぬ鍛錬を重ねる努力とそのプロセスを重視する野球観は、私の野球観にも重なる。

二．洞察力

観察力とよく似ているが、私はもっと広い意味で使いたい。観察力は、目に見えるものから何かを摑み取る力だが、洞察力は現実に見えるものだけでなく、目に見えない敵の心理や考えを見抜く、あるいは相手ベンチのムードから作戦を読取る力のことを指す。私の持論である「無形の力」だ。

選手の目に見えない心理、ベンチ全体の見えない士気が勝負を分けたケースとして印象に残っているのは一九七三年のパ・リーグプレーオフだ。

当時、パ・リーグは前後期に分かれた二シーズン制で行われていた。私が捕手兼任監督として率いていた南海ホークスは、前期こそ優勝したが、後期はライバルの阪急ブレーブスにまったく歯が立たず、十二敗一分け、一勝もできなかった。

これだけやられてしまえば、苦手意識が出るのは当然である。三戦先勝で行われるプレーオフを前に、南海の選手たちの士気は上がらなかった。

これではとても戦えない。私は選手たちの沈んだムードを感じて、一計を案じた。南海は、この年十五勝して防御率一位という阪急のエース、米田哲也のフォークボールを苦手にしていた。ところが、米田の決め球、フォークボールには特徴的な傾向がはっきり現れていた。

ひとつは早いカウントではまず投げてこないということ。もうひとつは追い込まれたカウントで直球が来ると、そのあとにフォークが来ることが多いということ。

つまり、これに対抗するには、早いカウントでフォークボールを投げて来る前に打つ。そして、追い込まれたらフォークボールをマークし、直球がボールになったり、ファウルしたら、次はフォークボールを狙う、というふたつの策がデータからはっきり出たことを選手たちに伝えた。

エースの決め球を攻略する方法とデータから割り出した確率の高い攻略法を示すと、少し目つきが変わった。対戦成績とは関係なく、攻略に糸口が見えたように思ったのだろう。

この追い風を受けて、私は一、三、五戦の奇数戦重視、ことに初戦必勝という決意を固めた。初戦には間違いなく、米田が出てくる。エースを攻略してしまえば、苦手意識など吹き飛んで、心理的に優位に立つことができるはずだ。

狙いはズバリ的中し、米田のフォークボールを打ち込んで初戦をものにすることができた。そして第五戦までもつれ込んだが、南海は阪急を倒してリーグ優勝を果たすことができた。

阪急はよく鍛えられたチームだけに、対戦成績で圧倒しているからといって、南海を甘く見るようなところはあまり見えなかった。ただし、地力勝負になれば南海に負けることはないと思ってはいたはずで、そういう相手に先手を取られたことで、心理的な動揺をきたしていたのだろう。

短期決戦においては、こうした指揮官同士の心理の読み合いが雌雄を決する大きな要因となる。

三．記憶力

メジャーリーグで「最後の四割打者」と呼ばれ、史上最高の打者などと評価する人も多いテッド・ウィリアムズは自分の生涯の全打席を記憶していたそうだ。昭和の大横綱・北の湖（日本相撲協会前理事長）も自分の全取組みの結果と相撲内容をそらんじることができるそうだ。優れたスポーツ選手は優れた記憶力の持ち主であることが多い。

打者ももちろんだが、バッテリーはさらに記憶力が求められるポジションである。打たれた記憶、抑えた記憶が次の打席の打者を抑える際の最も重要な材料になることは言うまでもない。

捕手がまず記憶しておかなければならないのは「初球の入り方」である。ある打者に対してどんな初球で入ったかを覚えておくことが重要だ。さらに「結果球」を覚えておくことも同時に大切になる。結果球、つまり凡打させた球種、痛打された球種が何だったかを覚えておく。打者は、このふたつを必ず覚えているものだ。特に優れた打者ほどしっかり頭に入れてある。それに対抗するには、最低でも初球と結果球を記憶しておくことはバッテリーの能力として欠かせない。前の打席の結果球がデータ分析の基になり、次の打席の初球が決まる相関関係にある。

四．判断・決断力

「判断と決断」は、似て非なるものだ。プロ野球監督としての結論は、「決断は体でするもの。判断は頭でするものだ」ということに尽きる。決断には、ある種のギャンブル的要素が必要である。実戦における判断には根拠が要る。

試合の状況を把握し、その上で打者の攻略法を組み立てる。的確な判断力もバッテリーに必要な能力だ。打者の心理は一球ごとに変化する。だから、判断もその局面ごとに当然変わってゆく。

得点差、イニング、アウトカウント、ボールカウント、走者の有無などの状況の変化と投手の基本的能力、その日の調子を考え合わせた上で判断をしなければならない。むずかしそうに思えるかもしれないが、基準がしっかりできていればそうでもない。的確な判断を下すには、判断基準を持つことが大事だ。

選手を育てることからは少し脱線するが、監督にとっても判断、決断力が重要なのは言うまでもない。最も必要な能力と言ってもよいだろう。

監督の判断、決断のミスが大舞台の雌雄を分けた例として、二〇〇九年の日本シリーズ第五戦の日本ハムの投手交代があげられる。二勝二敗の五分で向かえたこの試合、巨人の本拠地東京ドームでどちらのチームが王手をかけるかの大一番であった。絶対的エース・ダルビッシュ有が故障中で本調子でないことを考えれば、日本ハムにとっては、絶対に落とせない一戦であった。結果は３—２で巨人が王手をかけた。

試合の趨勢を分けたのは、七回まで巨人を無失点に抑えていた藤井—大野のバッテリーから、建山—鶴岡のバッテリーに代えたことにあった。先発の藤井は、内外角を広く使い、神経細やかな配球をしていた。好投していたバッテリーを85球で交代させたのは、日本ハムベンチの固定観念である。「シーズン中完投がない七回までの投手、正捕手は鶴岡、継投が日本ハムの勝ちパターン」という先入観が誤った決断となった。

投手交代の判断基準には、疲労、相手打者との相性、中継ぎと抑え投手への信頼度が挙げられるが、大一番には機械的な継投こそ危険である。

日本シリーズは、断じてシーズン中の野球の延長戦などではない。しかも一点差勝負の終盤で、頭の準備も必要な捕手まで交代させるべきではなかった。状況を冷静に、判断基準を比較した上で、臨機応変な決断を成すべきだった例である。

エース岩隅への注文

二〇〇八年シーズンに二十一勝四敗と抜群の成績を残してＭＶＰになった岩隈久志は、

二〇〇九年のWBCでも大活躍した。打線の援護がなく、勝ち投手になったのは一度だけだったが、三試合に先発し、いずれも六回以上投げてわずか一点しか取られなかった。MVPは松坂大輔に譲ったが、実質的にはMVPに匹敵する活躍だったといえる。地味な楽天にあっては、田中将大と並んで数少ない「全国区」の知名度を持つ選手になったのではないか。

楽天での最初の三シーズン、岩隈は思ったような成績が残せなかった。特に私が就任した二〇〇六年と翌二〇〇七年は、ひじや肩の故障でシーズンの大半を棒に振った。「ガラス玉のエース」などという声も聞こえた。

だが、故障をしっかり直して、背水の陣で臨んだ二〇〇八年のシーズンは、見違えるような成績を残した。岩隈のよさは低めへの変化球のコントロールにある。徹底して低目をつく投球でゴロの山を築くのが彼のスタイルだ。WBCでも、その持ち味は存分に発揮された。打撃優位の現代野球にあって、二十一勝して、わずか四つしか負けないというのは驚異的な成績だ。

私は、故障から立ち直った彼の芯の強さは大いに評価していた。しかし不満がないわけでもなかった。真のエースと呼ばれるような投手は、自ら進んでマウンドを降りるようなことはなかった。しかし、前にも書いたように、岩隈は、故障の不安がぬぐえないのか、体力的に余力があるように見えても、投球数が百球を超えたあたりになると、自ら降板を申し出ることがある。優勝争いに関係のないチームの、個人記録だけを重視する主力投手ならそれでもよいのかもしれないが、楽天は、彼と田中将大を前面に押し立ててクライマックスシリーズ進出、リーグ優勝、そして日本一を狙ってゆかなければならないチームである。そういうチームのリーダーにふさわしい闘志を見せて欲しい。私がしばしば彼の早い降板に「ぼやき」をぶちまけたのは、そうした期待感の表れなのだ。

現代の野球は、情報戦のデータ野球である。各球団のスコアラーは、敵の投手陣の投球のすべてのコース、球種のデータを持っている。そして十二種類のボールカウントごとの投球の傾向をきっちりはじき出す。だから、岩隈が二シーズン続けて活躍したからと言って、バッテリーが昨シーズンとあまり変らない組み立てをしていたら、確実に打たれてしまうことが起こりえる。長く好成績を維持するには、体調の管理ももちろんだが、相手のデータ収集に対抗するような研究、探究心を持つことが求められているのだ。

現代は、投手受難の時代なのである。試合時間が長いのも、なかなか三者凡退で終わらないこととも関係がある。

投手の能力の伸びに対して、打者の能力は格段に先を行っている。身体能力もトレーニング方法の発達などで伸びが著しいし、投手のデータ収集も組織的で緻密になっている。その結果、打者有利の傾向は年々強くなっている。我々の現役時代はチームで二ケタ本塁打を打つ選手はひとりかふたり、三十本塁打をクリアする選手など全球団合わせても何人もいなかった。ところが二〇〇九年シーズンのセ・リーグの覇者・巨人からは二十五本塁打以上の打者が四人も出た。そのうちの三人は三十本以上である。160㎞の直球を投げる先発投手はいないが、130m級の特大本塁打を打つ選手は何人もいる。現代は圧倒的に打高投低の時代である。

時代の変化も見逃せない。かつては、運動神経の優れた子どもがまず選ぶのは野球だった。そして、そうした子どもたちの中で、特に優れた者が投手になった。投手は日本のスポーツ界のエリートだったのだ。

ところが最近ではスポーツが多様化し、選択肢が増えた。メディアも発達し、プロ野球選手だけがヒーローではなくなっている。情報も行き渡っているので、「投手は負担が大きいからイヤだ。長くやれる野手のほうがいい」などといったことを言い出す者もいる。絶対数と野球人口のすそ野の変化から、もはや投手はスポーツ界のエリート中のエリートではなくなった。

ともかく、打撃技術が進歩し、情報分析も進み、スポーツが多様化・分散化する中で、投手がただ力任せに投げて勝つという時代は終わってしまった。その分、実戦におけるプロの頭脳、データの役割、求められる能力も複雑になっていることは間違いない。

「野村メモ」

私が受けた投手の球をすべて記録する「野村メモ」をつけるようになったのは入団七年目のことだ。

十二種類のボールカウントの性質を打者として、捕手として相方の視点から追究し、傾向分析していった。毎試合後に、全投球メモを書き上げた大学ノートは、段ボールにして膨大な量になった。

実は南海の選手兼任監督を解任になった際、私はその「野村メモ」をすべて焼き捨てた。もう球界に戻ることはないだろう、と判断したからである。「野村メモ」が復活したのは私が、評論家になってからであった。

例えば、私が対戦した投手で、もっとも厄介だったのは西鉄の稲尾和久だったが、稲尾を攻略するためにはどうするか、ずいぶん頭を使った。

優れた投手を攻略する手をあれこれ考えるうちに、打撃というものが見えてくる。稲尾の場合は、当時珍しかった十六ミリカメラで投球フォームを分析すると、わずかにボールの握りの白い部分が見えるときと見えないときがあるのに気づいた。そして見えるときには百パーセント内角、見えないときにはそれ以外のコースという傾向を割り出し、攻略の糸口にした。

稲尾のクセは詳細に見なければわからないわずかなものだったが、当時の投手はおおらかで、中には握りがはっきり見える人もいた。阪急のエース米田哲也や梶本隆夫はともにフォークボールが武器だったが、握りに注意することで百パーセント見破ることができた。

このような打者としての研究を重ねていたことが、捕手として成長する上でどれだけ役立ったかしれない。

私は打者として投手のクセに注目した。これをキャッチャーの立場で考えれば、打者にピッチャーのクセを見せないためにはどうするかという発想に繋がる。打者として、投手の球を予測するときどう考えたかを思い出すことで、その裏をかくことができる。

この段階で大切なことは、チームのために「黒子に徹する」という気持ちを忘れないことだ。ある程度経験を積み、自分のリードで投手を好投させることができるようになると、まるで自分が試合のすべてを握っているように勘違いしてしまう。それでは投手からも他の選手からも信頼は得られない。あくまでも「主役は投手」と立てながら、グラウンド上の演出家として腕を振るうべきなのだ。

再生の極意

監督としての私は、他の球団で戦力外とみなされたり、ピークを過ぎたと思われた選手を使い、思いがけない好成績をあげさせたことが多かった。そのため「野村再生工場」などと言われる。楽天に来てからも、オリックスから戦力外通告を受けた山崎武司を新たな形で蘇らせることができた。

二〇〇七年の春先、山﨑は打撃不振にあえいでいた。本人はこれで引退していくんだなと覚悟していたらしい。私は打撃ケージに行き、山﨑に「まだ四月だぞ。ベテランなんだから、焦らずにやれ」とひと声かけた。その言葉に山﨑は救われたという。

私は山﨑に限らず、球種の読みが外れて三振して帰ってきた打者を決して叱らない。次の打席にその失敗をどう生かすかを見る。周知のように、その年、打撃開眼した山﨑は自己最高の成績を残し本塁打、打点の二冠王に輝いた。

リーダーは言葉が命である。監督のひと言がその選手の運命さえ左右する。

「再生工場」を動かす原動力になっているのは、私の捕手としての蓄積だ。投手の能力をいかに引き出し、試合を作るかを考えた成果が、選手の再生にも繋がっている。

阪神タイガースの監督時代、遠山奬志という左投手がいた。ドラフト一位で入団し、若い頃は力のあるストレートを武器にそこそこの活躍をしたが、その後低迷し、打者に転向し、また投手に復帰するといった具合で、他球団にトレードされた末に解雇され、テスト生として阪神に再び戻ってきていた。

私は遠山の投球を見て、考え方を変えれば、まだ通用すると思った。本人は速球派投手時代の力の投球、先発完投型が忘れられず、その夢を追っていたが、ワンポイントのリリーフに徹すれば十分に使えると考えたのだ。

そこで遠山を呼び、「投手にはいろいろな役割がある。まずワンポイントからスタートして、段階を踏んで先発を目指してはどうか」と説得した。頭ごなしに「先発は無理だ」

と決めつけたのでは、プライドの高い投手族はへそを曲げてしまうと読んだのだ。

そして、腕をやや横手に投球する「スリークォーター」にして、シュートを習得させた。左投手のワンポイントリリーフは、当然左打者が相手になる。当時で言えば、巨人の松井秀喜や高橋由伸が相手だ。そのためにはシュートを身につけ、本来持っているスライダーと併せて、左打者の内角で小さく変化する持ち球を生かし、左右に揺さぶる投球が求められる。

遠山は私の話を聞き入れ、シュートを身につけ、スリークォーターに変えて、ワンポイントとして成功した。松井秀喜を三振に仕留めて、甲子園で大喝采を浴びたことも一度や二度ではない。のちにはワンポイントだけでなく、一イニングも任せられるようなリリーフになった。松井キラーとして知られるように成長した時期になると、松井は「遠山の顔も見たくない」と苦手にした。

遠山のような成功例は、捕手として、投手の能力にいつも注目し、何か引き出しはないか、可能性はないかと考えてきた私の習性がもたらしたものだ。

プロとしての最終段階は、人間心理を見抜く洞察力にある。数字に現れたデータだけでなく、実戦の中でのわずかな動き、反応から相手の心理を読み、さらには相手ベンチの考え方まで読んで、一球一球のリードに反映させてゆく。

若い選手は味方投手か自軍のベンチにばかり目が行く。それに対して実績のあるベテランになると、味方よりも相手ベンチ、相手の監督、コーチの動きをよく見る。サインを盗むといったことだけではない。相手ベンチの空気、首脳陣の表情などに表れた士気、敵将の作戦傾向、自信の有る無しなどから、打者の狙いがわかり、投手の配球が決まってくることもあるのだ。ここまでできるようになれば、プロとしては超一流と言ってよいだろう。

最終段階まで、順調に成長してくれる選手は少ない。資質に恵まれているのに、考え方が曖昧だったり、努力の方向性が間違っていたり、努力しなくなったりして足踏みし、ついには、一流になりきれず球界を去らざるを得なくなった選手をたくさん見てきた。

つまるところ、監督とは「気づかせ屋」である。プロとして人間としての原理原則を説き、選手たちの潜在能力を見抜き、適材適所に起用する。選手たちを正しい方向に導くことができるかどうかが、常に問われるものだ。

最近は、以前ほど「野村再生工場」などと言われなくなった。もっぱら「ぼやき」のほうに注目が集まっているようだ。私も何も好き好んで「再生工場」を稼動させていたわけではない。巨人のように、ほかのチームの四番を力ずくで連れて来るようなチームの監督なら、再生工場など動かす必要はない。

だが、幸か不幸か、私の行く先は、再生工場の必要なチームばかりだった。楽天に来ても事情は変わらなかった。中心打者になった山﨑武司はかつての本塁打王だが、オリックスを解雇されて、最後の働き場所として楽天にやってきて再生した。

二〇〇八年のシーズン後半に加入したセギノールも、前の年に日本ハムを解雇されてからは、半年ほど「無所属」だった。首位打者を獲得した鉄平にしても、中日では「不要」と判断された選手である。さらに、シーズン途中、大リーグから戦力外通告を受け、楽天に復帰した福盛和男も七勝十セーブとストッパーとしての自覚が現れる活躍を見せるようになった。

そうした選手たちを整備して、やりくりしながら戦う。楽天でも相変わらず「再生工場」はフル稼働だった。あまり騒がれなくなったのは、それが当たり前の姿になったからかも知れない。

二〇〇九年五月のオリックス戦で、ギャンブルスタートを指示して成功した話は先に紹介した。このプレーをグラウンドで演じた小坂誠も「再生」したひとりだ。小坂は巨人にいたが、若手の台頭などもあり、選手生活の最後を出身地の地元宮城の楽天で送りたいと希望して楽天にやってきた。もともと打撃は非力だが、守備と足には優れたものを持っている。楽天の内野手は勝負強い高須洋介や足の速い渡辺直人、内村賢介といった選手がいて、小坂がレギュラーで出ることはむずかしい。しかし、彼には必ず使い道がある。私はそう考えていた。

勝ち越しを狙ってギャンブルスタートさせる。まさに小坂のための舞台だ。そう判断して私は彼を代走に送り、まんまとギャンブルスタートが嵌まった。スタートも見事だったが、スライディングも巧みで、さすがにベテランと感心させられた。長くユニフォームを着てきた選手、特にスターでもないのに解雇されずにプレーしていた選手には、どこか見どころがあるものだ。それを見出してゆくのが再生工場の役割なのだ。

見切りをつけられたベテランというわけではないが、内野手の草野大輔なども、広い意味での再生に入るだろう。高校を出たあと、社会人のチームを三つも渡り歩いた草野は、プロに入った時、もう二十九歳になっていた。普通なら辞めるような年にプロになったわけだが、足や肩はそれほど目立ったものはない。

ただ、打撃だけは天才的だった。ミートが抜群にうまい。

「コイツは打撃に関しては天才だ。近い将来、首位打者を獲るかもしれない」

私は就任した時からそんな見方をしていたが、二〇〇九年に入るとようやくその素質が開花して、楽天の主軸としてブレークの様相を見せている。

「年齢も高いし、中軸を打つには長打不足で、足は遅く、打順をどこに入れるか難しい選手であるが……」

マイナス面はいくらでも指摘できる。しかし、草野には天才的なミートの技術という長所があった。ひとつでも鈍く光っているものがあれば、まずそれを磨き上げてみる。それが再生工場の極意なのだ。

第六章

野村の革命

革命を起こさんか

投手はだいたいが自信家で、人の話にあまり耳を傾けず、攻撃的で、自己中心の性格が多い。大エースと呼ばれる優れた投手ほどそうした傾向が強い。バッテリーを組む女房役の捕手が目立ちたがらず、何事もマイナス志向で考えがちな性格とは正反対だ。しかし中には変り種もある。ここで江夏豊の名前を挙げると、彼の現役時代をよく知る中高年のプロ野球ファンは意外な思いを抱くかもしれない。江夏こそ、唯我独尊、我が道を行く、アウトローの一匹狼、投手の中の投手ではないのか。

もちろん、江夏がそうした投手的性格を持っていることは確かだ。だが、それと同じくらい、捕手的性格も併せ持っている。実に複雑な男なのだ。

私が江夏の一球を問いただして話の糸口を見つけ、阪神から南海へのトレードに成功したことはすでに述べた。一九七五年のシーズンオフのことだ。

江夏を獲得したことで、来年は三年ぶりの優勝も夢ではない。選手兼任監督の私は密かに期待を膨らませた。しかし、移籍一年目の江夏の成績はさんざんだった。阪神のエース、奪三振王として巨人の長嶋茂雄、王貞治をきりきり舞いさせた快速球は影を潜め、投球術のうまさで相手をかわすのがやっとの投手に変わってしまっていたのだ。

阪神時代の酷使としっかりしたケアをしてこなかったことが響いて、肩や腕がボロボロの状態になっていた。肩のほうは、トレーニング方法を工夫させて、なんとか投げられるようになったが、それでも長いイニングはもたない。左腕の血行障害のために、五十球を超えると、握力が子ども以下に落ちてしまうのだ。

私は江夏の起用法について頭を悩ませた。五十球がリミットという投手を先発ローテーションで使うことはできない。しかし、新人のときからずっと、先発完投型のエースとしてやってきた江夏は、そのことに強い誇りとこだわりを持っている。ただでさえプライドの高い男である。「先発から外れてくれ」などとまともに言ったのでは、球場に現れなくなってしまうかもしれない。

私が考えたのはリリーフへの転向だった。それもリードしている局面での抑え役にするのである。

先例がないわけではなかった。巨人V9の最初の年、川上監督は宮田征典をリードしている試合のリリーフに使ったことがあった。リードした試合の後半、決まって宮田が登板するので「八時半の男」などとニックネームが付けられた。当時は試合の進行が早く、八時半頃には終盤に差し掛かっていた。

宮田は心臓に軽い問題があり、長いイニングが投げられなかったので、投手コーチだった藤田元司さんの進言を受け入れ、川上さんは使いどころを工夫したのだ。この起用法で蘇った宮田は、ほぼリリーフだけで二十勝をあげた。

南海では、すでに私も日大から入団した佐藤道郎をリリーフ専門に仕立てて使っていた。佐藤は長いイニングを投げる球威には欠けていたが、勝負度胸があり、鋭い変化球も持っていたので締めくくりにはうってつけだった。新人王を獲り、セーブが公式記録に載るようになった最初の年には初代のセーブ王を獲得した。

私は、江夏なら宮田や佐藤以上の抑え役になれると考えた。五十球までならかつての球威がなくとも、コントロールは抜群だから、四球で自滅する心配もない。「ＯＮを牛耳った阪神の江夏」という顔もあるから、威圧感も十分だ。

問題は江夏をどう説得するかだった。

私はまず、トレーナーから聞いた腕の状態を江夏に説明し、リリーフ転向を持ちかけた。

「五十球を過ぎたら、握力が落ちてしまうらしいな。それでは先発は無理だ。リリーフに転向してくれ」

当然江夏は納得しない。

「阪神からのトレードだけでも恥だと思っているのに、今度はリリーフなんて。オレにまた恥をかかせるのか」

そこで私は野球の変化を話して江夏を説得した。

「もう、ひとりの投手が最後まで投げ切る時代じゃない。打撃の進歩に対抗するには、先発、中継ぎ、抑えの分業にしていかないとやっていかれないんだ。事実、大リーグではそうなってきている。どうだ、ワシと組んで、プロ野球に革命を起こさんか。」

江夏はやんちゃな遊び好きに見えるが、反面、時代小説を愛読し、作家司馬遼太郎さんの『燃えよ剣』の主人公、土方歳三に憧れる一本気な部分も持っている。その男の琴線に「リリーフの分野に革命を起こさないか」という言葉は説得力を持って響いた。

「革命かー。わかった。やる」

そして江夏はリリーフに転向した。

江夏の野球頭脳

それまでも投球に関する分析、研究は熱心な選手だったが、新しい分野に挑む江夏はいっそう研究熱心になった。スコアブックを借りてノートをとり、打者の得意ゾーン、苦手ゾーン、手を出してくるボールゾーン、高低、緩急などを調べあげ、打者分析に興味を抱いていた。

ベンチに座っていても、ボールを離さずいつも握りの感触を確認していた。

遠征の宿舎でも、江夏は、毎晩のように私の部屋にやってきては、一球の根拠を求める。江夏と野球談義を交わしたことは私にとっても意義があった。一球一球の配球の根拠を、しつこいほど追求する投手がいるのは正直驚きだった。稲尾和久のような特別な例を除けば、投手族というものはほとんどが自分の力を頼み、場面に関係なく打者を圧倒して雄叫びを上げることに快感を覚えるような特別な人種だと思っていたからだ。

捕手的な投手とでも言うべきものがいるとしたら、それは江夏のことだ。つくづくそう思った。

もし江夏が右利きで指導者が彼の野球頭脳に早くから目を付けていれば、名捕手になって成功していたかもしれない。

江夏は投手にしては珍しく、一球ごとの根拠にこだわる男だった。なぜ、その球を要求したのか。自分はこう考えるが、監督はどう考えるのか。しつこいほど私に食い下がってきた。江夏が食い下がってきたのは、彼から見て、私を一球ごとの根拠を重く見る同じ野球観の持ち主に思えたからだろう。

「目をつぶってストレートを投げさせたんだ。やっぱり投手は気合が大事だ」

いつもそんな答えをする捕手だったら、江夏が毎日のように野球談義を仕掛けてくることはなかったろう。

半世紀以上に及ぶ私のプロ野球人生において、野球論をここまで闘わせたのは、江夏だけだ。私生活さえしっかりしていれば、彼は優れたピッチングコーチ、いや、どこかの球団の知将となっていただろう。それだけの頭脳と才能がある男だ。

一戦を交える覚悟

江夏は唯我独尊、孤高のエースだった阪神時代、レギュラーの辻佳紀よりも控えの辻恭彦と組むことが多かった。うるさ型の佳紀よりも、自分の投げたいように投げさせてくれて、捕球のしっかりしている恭彦のほうが好みだったのだろう。

近鉄の元エース鈴木啓示もふたりいる捕手のうち、有田修三と組むことが多かった。典型的な投手気質の鈴木と、目立ちたがり屋の投手型の捕手である梨田昌孝とでは相性が悪かったのだろう。

こうした傾向は最近も見られる。メジャーに行った松坂大輔は、西武の新人の頃から伊東勤とはあまり組まず、他の捕手と組むことが多かった。森祇晶の薫陶を受けた伊東は選手生活の晩年に差し掛かっていたが、配球術は球界有数で、若い投手の育成にはうってつけに思われたが、おそらく投手出身の当時の監督、東尾修は、松坂を思い通りに投げさせて、のびのび育てようと考えて伊東以外の捕手と組ませたのだろう。

日本ハムのダルビッシュ有が投げるときも、鶴岡慎也がほぼ専用のように受けている。他の投手のときには、ほかの捕手の高橋信二や大野奨太が受けていても、ダルビッシュのときは鶴岡と決まっているようだ。

投手はだいたいエゴが強く、あれこれ指示されるのを嫌う傾向にあるが、中でもエースと呼ばれるような好投手は自分の思い通りに投げたがる傾向が強い。そこで、うるさ型の捕手よりも、黙って自分の投げたい球を投げさせてくれる、キャッチングのうまい的になりやすい捕手を好む。

しかし、そうしたやり方を続けていたのでは、エースとしてほんとうの意味でのチームの信頼は得られない。

捕手を選ぶエースの典型だった鈴木啓示を、西本幸雄監督はプレーオフや日本シリーズなどの勝敗がかかった大一番で決して起用しなかった。優勝のかかった三連戦、初戦で先発すると、そのあとは決して登板しない。日本シリーズやプレーオフの勝敗を決する最終戦でも同様だ。

あるとき、私は不思議に思って、なぜ鈴木を起用しないのか西本さんに訊ねてみた。すると西本さんは、「おまえ、鈴木に言ってくれよ」と言われた。鈴木は意気に感じて投げるという性格ではない。自分の勝ち星をあげるためには全力を尽くす。しかし、連投や無理な起用には応じない。自分の投手生命が危うくなってしまう危険があるからだ。

勝利にかける執念は見事だったが、野球がチームスポーツである以上、時には無理をする必要もある。エースや四番というのは、特にそうした役割が求められるはずなのに、鈴木にはそうした考えがあまりなかった。そのためチームから全幅の信頼を得られないのだった。

のちに、近鉄監督として鈴木が芳しい成果を上げられなかった所以もそこにあるように思う。

こうした我の強い投手族と付き合うには、捕手は迎合ばかりしていてはいけない。「誰それの恋人」などと呼ばれたエース専用捕手で大成した選手はあまり記憶にない。時には正面からぶつかったり、チームのために自分の考えに従わせる強引さもプロには必要なのだ。

ただ、エース級の投手を強引に従わせるには、自分がしっかりした野球観を身につけなければならない。江夏の「一球の根拠」についての質問を、私は決してはぐらかしたり、曖昧に答えたりはしなかった。「なあなあ」で済ませて懐柔《かいじゅう》し、無難に気持ちよく投げさせようなどと考えていては、ほんとうの意味で投手の成長を促せず、チームのためにもならない。

時には自軍の投手を敵に回して、一戦を交えるような覚悟も、プロには求められるのだ。

ダブルエース起用法

　私が率いた楽天のエースは岩隈久志である。二〇〇八年、パ・リーグMVPに輝いた二十一勝四敗という成績は現代の野球では文句のつけようのないものだし、二〇〇九年三月に行われた第二回WBCでの投球内容も見事だった。ただ、私は岩隈に苦言を呈し続けてきた。前にも述べたが、時折、自分で限界を定め、好投をしていてもあっさりマウンドを譲ることがあったからだ。優れた投手ほど、マウンドを降りるのは嫌うものだ。その点がやや物足りなかったのだ。

　だが私の苦言が効いたのか、二〇〇九年は完投勝利も数多く見せてくれるようになった。特に七月から九月にかけては四つの完投勝ちを含む六連勝を記録して、チームのクライマックスシリーズ進出の原動力になった。クライマックスシリーズの時期には、「ヒジが痛いなんて言っていられない」と自ら申し出て、エースとしての存在感を示した。

　私が臨んだ二〇〇九年のクライマックスシリーズ第1ステージでの初戦先発と、監督として最後の戦いの舞台となった第2ステージ第四戦の八回裏の最後の投手に指名したのは岩隈である。エース岩隈で負けるのであれば悔いはない。

私は選手の評価を、成長に応じて、「無視、賞賛、非難」の三段階に分けている。無視から脱して賞賛を受けるようになればようやく半人前、非難を浴びるようになるのは一流選手の証であり、一人前のスター選手なればこそなのだ。

岩隈は「大人」だから、私の苦言が「無視、賞賛、非難」の非難に当たるもので、実は期待の表れであることぐらい承知していただろう。そうでなければあれだけの成績は残せなかったはずだ。これからもエースらしい投球を見せて、チームの鑑として楽天投手陣を牽引していって欲しい。

岩隈と並んでエースと呼ばれるようになった田中将大は、岩隈とは正反対の投手である。一年目に二ケタ勝利をあげて新人王に輝いた田中は、二年目の二〇〇八年こそ肩の不調や北京オリンピック出場の影響でやや期待はずれに終わったが、三年目の二〇〇九年は絶好調で、開幕から四連続完投勝利を飾り、月間MVPにも選出された。

その後、肩の張りが出て、少し調整期間を置いたが、それがあけると、また見事な投球を見せてくれた。マウンドにあがったら、意気に感じて最後まで自分が投げ切る。若いに似ず、そういう伝統的な投手らしい気質を持った選手である。今季は、自己最高の十五勝をあげ、岩隅とともにダブルエースとして大車輪の活躍をした。

私ははじめて田中に会って話した時、その受け答えのしっかりしていることに驚いた。そしてご両親に会ってみたいと思った。今の時代、高校の頃からスター扱いされ、多くの注目を集めながら、浮ついたところのないしっかりした受け答えができるのは、よほどご両親のしつけがよかったのだろうと考えたのだ。

田中が楽天からドラフト指名された後、田中の親戚の方がかつての盗塁王・福本豊に相談に行ったという。「楽天に行かせて大丈夫か」という問いに、福本は「野村さんが監督だから絶対に行かせるべきでしょう。勉強させてもらえる。これ以上の監督は、いません」とアドバイスしてくれたという。

ありがたい話である。私も優れた資質をしっかり伸ばすように努めたが田中も見事に期待に応えてくれた。私の監督通算一五〇〇勝達成試合と最終勝利となったクライマックスシリーズ第2ステージ第三戦のウイニングボールを渡してくれたのも田中である。

初めてのキャンプで見た時から私は、田中は将来、楽天だけでなくリーグを代表するエースになる素材だと感じた。そこで私は育て方をいろいろ考えた。

最初は二軍に置いて、じっくり育てるという考え方もある。一軍に置いても、初めは負け試合に中継ぎで投げさせてテストし、経験を積ませてから先発させるといった方法もある。もちろんチーム事情と実力の問題もあるが、いろいろ考えた末に、私は開幕から一軍の先発ローテーションに入れて育てることにした。

最初の登板は松中信彦をはじめ強打者の揃ったソフトバンク戦、しかも、相手のホームゲームを選んだ。ソフトバンクのホームゲームは、ほぼソフトバンクファンで埋め尽くされる。完全なアウェイで、新人にとっては厳しい舞台である。強力打線の上に完全アウェイというきつい舞台をあえて選んでぶつけてみたのだ。

案の定、田中は二回途中でノックアウトという散々な結果に終わった。ベンチに戻ってきたときは、タオルを被ってさすがにがっくりしている様子だった。もちろん私も残念だったが、問題はこの試合をどれくらい糧にしてくれるかということだった。打ち込まれて自信を失い、しばらくは好投できないか、それとも負けん気を出して飛躍のきっかけにするか。

田中は後者だった。自分の課題をしっかり見つけ、準備を怠らず、着実に成長して、シーズン途中からは楽天のローテーションの柱になった。ソフトバンクに打たれたのはよほど悔しかったのか、その後、ソフトバンク戦ではいつも素晴らしい投球を見せ、すっかり「カモ」にしてしまっている。やられたらやり返す負けん気の強さは一流投手の証である。

私は田中の頭を二回、小突いたことがある。いずれも勝ち試合である。最初はプロ入り初完投勝利の時。勝利の出迎えの際、ベンチ前でコツンとやった。このときは、最後の打者をストレートで三振に取ってやろうと力み、四球を出してピンチを招いた。ムキになってストレートを続け、それを狙い打たれたら勝ち投手になりそこねるどころか、チームの勝利さえ失ってしまう。投手は常に三振を取りたい。ましてやストレートに自信のあるエース級の剛球投手なら尚更だ。多くの好投手と対戦してきた私には、その気持ちが手に取るようにわかる。しかし、そのために墓穴を掘る場面も何度も見てきた。

ほんとうのエースというものは自分の小さな欲を棚上げしても、チームの勝利に心を砕くものなのだ。

田中は、自分でもストレートを続けてピンチに陥ったことにやましさを感じていたようで、私に小突かれると苦笑していた。このあたりは彼の賢さである。

二度目に小突いたのは二〇〇九年の五月。四連続完投勝利で四月の月間ＭＶＰを獲ったあと、肩の痛みを訴えたので、一度登板を飛ばし、調整期間を与えてから復帰させた試合である。

この試合では、二週間ぶりの登板ということもあって、それまでの四試合とは別人のような出来の悪さだった。それでも七回をなんとか三失点で切り抜け、やれやれと思っている時、自ら降板を申し出てきた。肩の痛みを訴えたあとの登板なので、無理もさせられず、降板させることにしたが、私は不満だった。幸い試合には勝つことが出来たが、勝利のハイタッチの時に頭をコツンとやった。

試合後、報道陣に囲まれたとき、私は「神の子、取り消し」と宣言した。四連勝していた時、「マー君、神の子、不思議の子」と、冗談混じりに彼の投球を讃えたのだが、この日のような投球では「神の子」どころではなく「マー君、親の子、普通の子」である。とても神の子などとは呼べない。それで取り消しを宣言したのだ。

もちろん田中が並みの投手であれば、頭を小突いたり、「普通の子」などとぼやいて見せるようなことはしない。彼もまた、もう「賞賛」から「非難」の段階に入っている投手なのだ。田中のよさは古きよきエースの姿勢を持っていることである。投げたら完投、最後までマウンドを譲らない。しかし、この日は休養明けにもかかわらず、七回で自ら降板を申し出てきた。そこが少し残念だったのだ。もちろん彼もそのことは十分に自覚しているだろう。

私は江夏を先発から抑えのエースに転向させる時、「革命を起こそう」と持ちかけた。当時は、ちょうど投手の分業制がはじまりかけていた時で、抑えのエースという役割をいち早く確立することは日本野球の革命だったのだ。

私は田中に、江夏とは違った意味の革命を起こして欲しいと考えている。真のエース像の確立。分業制を否定するわけではないが、エースと呼ばれる投手なら、常に完投を狙う、一度あがったら自らマウンドを降りるような姿勢は見せない。そういうエース像を改めて確立して欲しいのだ。

これは決して時代遅れの考え方ではない。二〇〇九年、日本の優勝で終わった第二回のWBCは先発完投型投手の値打ちをあらためて見せつけるものではなかったか。大接戦になった韓国との決勝戦で、日本のマウンドを守ったのは、岩隈久志、杉内俊哉、ダルビッシュ有の三人。いずれもチームに戻れば堂々たるエースである。先発型の絶対的エースがいれば、大試合を勝ちきることができる。

田中には、将来、そうした投手になって欲しい。分業制の時代にあえて古典的なエース像を確立して、革命を巻き起こして欲しい。ファンの前で、冗談交じりとはいえ軽く頭を小突くようなことをするのは、そうした願いを持っているからなのだ。

無人の荒野を行く男

私が捕手として対戦し、一番嫌だった走者は福本豊である。通算、シーズンの盗塁記録を持つ日本一の盗塁王、一時は世界記録も持っていた世界の盗塁王である。

よく、本塁打の記録は「球場の大きさが違うし、投手のレベルも違うからメジャーと比較にはならない」などと言う人がある。私は必ずしもそうは思わないが、それはさておき、盗塁記録ならレベル云々は関係ない。塁間の距離は世界共通だからだ。福本は文字どおり、世界に誇れる盗塁王だった。

相手チームにとってこんな厄介な走者はいない。嫌というより一番「憎たらしい選手」といったほうが対戦した当時の私の気持ちに近いかもしれない。

王貞治のような長距離打者、長嶋茂雄のような天才肌、大毎オリオンズで首位打者を二度獲った榎本喜八のような超人的な選球眼の持ち主など、優れた打者は、みなバッテリーにとって嫌な相手ではある。しかし、打者には必ず弱点があるから、そこを正確に攻めれば、本塁打は打たれない自信がある。それに、あまり勧められることではないが、いざとなったら勝負を避けるという手もある。

ところが福本のような優れた走者は敬遠のしようがない。福本は一番打者だったから、一回の第一打席で迎えると、ときどき「塁に出てかき回されるぐらいなら、いっそのことホームランでも打たれたほうがいい」と思うことがあった。だから私は福本の第一打席でカウント1―3とか2―3になると、ど真ん中のストレートを要求することがよくあった。

福本は170センチもない小柄な選手だったが、腕っ節は強く、本塁打もよく打った。捕手としては、本塁打を打たれてもよいと思ってストレートを要求しても、打たれればやはり腹が立つ。とにかく福本はしゃくに障る選手だった。

福本が阪急入団二年目で初めて盗塁王になったのは、私が選手兼任の監督になった一九七〇年のことだった。私は三十五歳、やや肩に衰えが見えてきた頃である。そして私の肩の衰えと反比例するように福本は盗塁の数を増やしていった。一九七二年にはついに前人未到のシーズン一〇六盗塁を記録する。これは当時の世界記録だった。パ・リーグの盗塁王は福本の指定席になる。十三年連続して福本はそのタイトルを守り続けた。

もちろん私とて指をくわえて見ていたわけではない。福本の足を封じるためにさまざまな手を試みた。

得意の「囁き」もやってみた。福本の奥さんが彼のことを「ユタカちゃん」とかわいらしく呼んでいることを知り、打席に入ったときに、精一杯甘い声で「ユタカちゃん」と呼びかけたことがある。本人はそれを聞いて思わず力が抜けたと言っていたそうだが、私にはあまり効果があったようには思えなかった。

奇策を用いたこともある。まだパ・リーグにDH制が導入される前のことだ。二死走者無しの場面で九番の投手を敬遠したことがある。投手を前の塁においておけば、もし福本が出塁しても、前の塁はふさがっているので、足を使うことはできない。

この作戦は二回成功した。しかし、三度目、阪急も対抗策を考えてきた。なんと敬遠した投手の足立光宏が盗塁したのだ。これには完全に虚を衝かれてしまった。二塁まで進めば、次の福本が安打を打ったら生還されてしまう。三塁で止まっても福本の盗塁を邪魔することはない。悔しさのあまり、阪急のベンチを見ると、西本監督が「してやったり」といった表情でニヤリと笑った。

福本が塁に出たとき、投手に牽制球を体スレスレに投げさせて、恐怖心で足を止めようとしたこともあった。しかし、牽制球にそんな微妙なコントロールを求めるのは無理な話だった。

当時は内野が土のグラウンドだったから、阪急との試合のときには塁間に水を多めに撒《ま》いたりもした。足元が悪ければ、盗塁のスピードも鈍ると考えたのだ。しかし、それも虚しい努力だった。

福本は、テレビの解説で登場したりするのを見ていると、「盗塁なんて、ダッとスタートして、サーッと走ればええんです」などと、凡人には理解不能のことを話して煙に巻いている。一見すると、長嶋茂雄タイプの天才型のように思える。

だが、こと盗塁に関しては、福本ほど研究を重ね、緻密に技術を高めていった選手はいないだろう。

盗塁はリード、スタート、塁間の疾走、スライディングという四つの要素で成り立っている。このうち最も大きな要素はスタートだ。福本も「いいスタートをきれば、だいたい成功する。いいスタートというのは投手がモーションを起こす寸前に走り出しているスタートのことだ」と語っている。

その考えに立って、福本は投手のモーションを徹底的に研究した。知人に頼んで、自分が塁に出たときの相手投手のモーションを八ミリフィルムに撮影してもらい、投手のクセを研究した。そのフィルムの数は膨大な量に上ったそうだ。

そして、投手が牽制するときと打者に投げるときのわずかな違いを見つけ出し、打者に投げるときを見計らってスタートを切った。投手は一塁にも打者にも同じように投げているつもりなのだが、やはり頭、肩、腕、腰、膝などに微妙な違いが現れるのだ。

もともと脚力は抜群である。そこに研究熱心な情報分析が加われば、無敵になるのは当然だ。全盛期の福本の盗塁は、まさに「無人の荒野を行く」ようなものだった。

阪神タイガースの監督のとき、福本がコーチとしてチームにいた。そこで選手たちに、「盗塁術を伝授してやってくれ」と頼んだことがあった。横で指導ぶりを見ていると、「おまえらピッチャーの背中が牽制だ、投球だと教えとるやろ」と福本は言っていた。さすが、達人の言うことは違うなあと思ったものである。

世界の盗塁王対策が生んだ新戦術

シーズン中は福本が塁に出たら、ひとつ先の塁まで与えたつもりになるのが普通だった。なんとかして凡打に打ち取るしかない、それが足を止める最善策なのだ。

だが、あきらめてはいられない大試合がやってきた。一九七三年のプレーオフである。この年も福本は快調に走り続け、九十五盗塁で盗塁王に輝いていた。それればかりではない。

リーグ最多安打を放ち、打率も三割八厘でベストテン八位と打者としても油断ならない好成績を残している。出塁を封じることはむずかしい。やはり足を止めなければ。

三十代後半の私の肩が、急に強くなるはずもない。私は阪急とのプレーオフがはじまる一ヶ月前から、南海の投手陣に福本封じの特訓を課した。

それは今で言うクイックモーションだった。高校生でもクイックモーションを普通にやる現代の野球から考えると、あまりに素朴な対策に思えるかもしれないが、当時は画期的と言うか、前例のない試みだった。言わば、プロ野球における一種の革命だった。

クイックモーションとは、簡単に言えば、投手が踏み出す足をあまり上げず、すり足のようにして投げる投法である。こうすれば、足が上がっている時間が少ないので、当然ボールを速く離すことになる。盗塁はコンマ何秒以下の秒数が成否を分ける。わずかでもボールを投げる時間が短縮されれば、走者にとっては脅威になる。

だが、こんなプレーは、当時の日本はもちろん、メジャーリーグでも試みている例はなかった。理屈ではすり足にすればいいとはいうものの、どの程度足を上げて投げればいいのかという基準もない。セットポジションから何度も投げてみて、ホームに投げやすく、走者が走りにくいタイミングを摑むのは容易ではなかった。

特に投手からの反発は大きかった。しっかり足を上げて投げないと球威が落ちるというのだ。それに今まで投げたことのないフォームを身につけるのも簡単ではない。

「とてもできません」

そういう声が多かった。確かに思い切って足を上げなければ球威は少し落ちるかもしれない。だが、その落ちた分は、配球とコントロールでなんとか補える。多少球威が落ちても、福本の足を封じられるとしたら、小さい代償だ。私はそう説得して、主な投手たちに密かに練習を積ませた。シーズン中にクイックモーションを試みると、プレーオフで対抗策を打ち出されるかもしれなかったので、この練習はあくまでも内密におこなわれた。

プレーオフが始まった。福本が走者に出ると、南海投手陣はクイックモーションを試みた。今の選手のようなスムーズなクイックではなかったが、それでも、福本は明らかに戸惑っていた。完璧にとは行かなかったが、南海は福本の足を最小限に食い止めた。戦力的には明らかに上だった阪急を、弱者・南海が破ることができたのは、相手の最大の武器、福本の足を新戦術のクイックモーションで封じることができたからだ。

弱者の戦略、つまり野球が知力と知力のぶつかり合いであることをクイックモーションの導入が象徴している。

城島への苦言の真意

盗塁を防ぐのは、捕手の肩ではない。盗塁阻止は、バッテリーの共同作業である。牽制と投手のモーションを工夫すれば、捕手の肩には関係なく、ある程度抑えることができる。中日の谷繁元信は今年三十九歳の大ベテランだが、二、三年前まではリーグ一の盗塁阻止率を誇っていた。若い頃は強肩だった谷繁だが、三十代後半になれば、彼より肩の強いキャッチャーはいくらでもいる。それでも高い阻止率を維持できたのは、送球動作が速いことと、中日の投手陣がしっかりクイックモーションを実践し、相手走者を牽制するからだ。

南海対阪急のプレーオフをきっかけに、徐々にクイックモーションを取り入れる投手が増えた。今では高校生でも普通にこなすプレーになっている。クイックモーションが一般的になる前は、福本のようにシーズン百個近い盗塁を記録する選手もいたが、現在は三十個も成功させればタイトル争いができる。二〇〇九年のシーズン、西武の片岡易之が二年連続の五十盗塁を記録したが、これは現在のクイックモーション全盛の時代を考えると、価値のある記録と言える。

メジャーリーグの試合を見ていると、クイックモーションがきちんとできる投手は案外少ない。牽制のうまい投手はかなりいるが、打者に投げるときは、大きなフォームのままという投手が多い。若いうちから練習していれば、そうむずかしくなく身につけられるのに、不思議なことである。

私が現役の頃、メジャーリーグはあらゆる点でお手本だった。ときどき来日するメジャー選抜や単独チームと対戦すると、そのプレーを熱心に見て、参考にしたものだ。

私の三冠王、八年連続パ・リーグ本塁打王への道をつけてくれたのも、若い頃に見たメジャーの打者の姿だった。来日した本塁打王ミッキー・マントルの打球の飛距離と、それを生み出す腕の太さを見て、私はパワートレーニングの重要性を知り、自分流のトレーニングを始めたのだ。投手の牽制プレーや捕手の送球動作にしても参考になることばかりだった。

ところが最近はあまり参考になるようなプレーが見られない。身体能力を感じさせるプレーはあるが、深く考えて、よく練り上げられたプレーは多くない。

今、メジャーリーグは三十球団を数えるまでに膨張した。我々の時代は十六球団とか二十四球団とかだったから、それだけ水増しになり、レベルが低下しているのかもしれない。海外から大量に選手が来ていることも、水増しと関係あるだろう。

レベル低下の印象は私だけが抱いているのではない。アメリカの友人たちも、はっきりそう指摘し、「危機だ」といっていた。

城島健司がメジャーでプレーしたのもそうした変化と関係があるかもしれない。城島は優れた選手である。打撃には秀でたものがある。しかしどちらかと言えば、守備より打撃に興味のある捕手である。城島のリードに私は深さを感じない。そうした投手型の性格のキャッチャーの配球は、相手に読まれやすい。

おそらく、メジャーもそうした打撃力を買って、彼と契約したのだろう。

ただ、リードにしても、捕球にしても、メジャーに行ってから格段に進歩したという印象はない。むしろ、疑問に思えるような場面もある。

二〇〇九年のWBCでは、私と城島の「舌戦」がメディアの話題を集めた。私が彼のリードに疑問を呈したのに対して、彼が応戦する形で、太平洋を挟んでの舌戦になったのだ。

私が疑問を呈したのは、日本ラウンドの一位決定戦、韓国との試合での配球だった。この試合に先発した岩隈は、変化球の切れもコントロールも抜群で、韓国打線を封じ込んでいたが、四回一死一、二塁で四番のキム・テギュンに三塁線のタイムリー二塁打を打たれた。

これが決勝点になり、日本は敗れた。

城島と岩隈のバッテリーは、この場面で、初球内角にシュートを投げ、ファウルされたあと、二球目にもシュートを投げてそれを痛打された。打者のキムは右のプルヒッターで、外の球でも強引に引っ張って安打にするパワーがある。こういう打者にはボール気味の内角球を見せておいて、内角意識を高め外角の変化球で打ち取るのがセオリーだ。内角を意識させておいて、勝負は外角なのである。

ところが、城島のサインは二球目も同じ内角のシュートだった。キムは前の打席、シュートでショートゴロに打ち取られている。だからこの打席では、初球の反応にも現れていたようにシュートにヤマを張っているのがミエミエだった。初球のシュートに躊躇なく手を出し、はっきりと内角狙いが読めた。にもかかわらず、シュートを続けて痛打されたのは、私には理解しがたいものだった。一点ぐらいはバッテリーの責任ではないという考えもあるが、国際大会での大一番では一失点の重さが違う。結局、この一点で敗れたわけで、やはり問題のある、単純なリードだったと思う。

私は個人攻撃ではなく、そうした配球に疑問を投げかけたのだが、城島は自分に対する個人攻撃だと受け取ったようだ。第二ラウンドのキューバ戦で相手を完封したときなどは、「配球のことなら野村さんに聞いてください」だとか、「野村さんは現役時代、毎試合完全試合をやっていたんですか」「野村さんの配球術がキューバに通用しました」などと、皮肉交じりの「反撃」をしてきた。

先輩のアドバイスに耳を傾けるどころか、皮肉を込めて反論してきた城島の気の強さにはちょっと驚かされた。城島は性格的に捕手ではない。謙虚さもない、素直さもない、マナーも知らない典型的な投手型の選手だと思わざるを得ない。

日本人のメジャーリーガーはずいぶん増えて、投手などは十指に余るぐらいだ。しかし、捕手はまだ城島しかいない。これはひとつにはコミュニケーションの問題があるだろう。言葉での意思の疎通、細かい打ち合わせができなければ、リードはどうしても投手中心、大事な捕手の考えが、配球に活かされないのではないか。城島がメジャーに行ってからあまり進歩の跡が感じられないのも、もしかするとそうしたことが関係しているのかもしれない。

城島は二〇一〇年のシーズンから阪神タイガーズ入りを表明した。私は純粋に配球に疑問を呈しただけなのだが、それに対する根拠ある答えは聞いていない。

私はＷＢＣの選手選考に際して、捕手は誰がいいかと聞かれ、西武の細川亨を推薦した。

細川の進歩が目覚ましい。彼の良さは、打者観察と洞察に優れ、配球が傾向化しにくい点にある。細川のリードがどれだけ通用するかで日本の投手、ひいては日本野球の現在の水準を推し量ることができると考えたのだ。現在では、打者の観察や洞察がパ・リーグで一番できているように思う。

しかし原辰徳監督は、肩のコンディションがよくないなどの理由で細川を代表メンバーに選ばなかった。結果的に優勝したからよいではないかという考え方もある。だが、ただ結果論だけで「よかった、よかった」と浮かれていては進歩はない。優勝はしたが、韓国とは大接戦だったし、日本野球の課題を突きつけられる場面も多かった。それを各人がどう受け取ったか。そこが問題なのだ。

WBCの代表監督選考の過程で、私の名前が浮上したこともあった。私自身は真剣に依頼されれば、断る理由はないと考えていた。経験を生かして欲しいと頼まれれば引き受けないわけには行かないし、国際大会を経験することで、私の野球観に新しい要素が加わり、同時に選手たちに野球の深さを知らせるいい機会になるのではないか、という期待もあった。大変ありがたいことに、メディアの調査では、ファンの皆さんの支持も私が一番高かった。

しかし、私への就任依頼はあまり真剣なものではなかった。体制検討会議の席で、特別顧問の王から「ノムさん、やってみる？」と軽い調子で尋ねられたが、そうした依頼に「うん、やるよ」と簡単に答えられるはずもない。口ごもっているうちに、コミッショナーは世代交代論を口にし始めた。世代交代となればもう、私に出番はない。もし私が代表監督を務めたら、結果がどうなったかはさておき、若い代表選手たちの野球観を変えるだけの自信はあった。「野球はこうしてやるものか」と彼らに考えさせるだけのものは見せられたと思う。あるいは城島ともいい話ができただろう。それを考えれば、やはり少し残念だ。

野村の革命

選手の国際化は著しいが、監督の国際化も目覚しい。特に、日本でプレーしたり、監督を務めた人物がメジャーに帰ってチームを任され好成績をあげることが多くなった。二〇〇八年のワールドシリーズを勝ったフィリーズのチャーリー・マニエル監督は、ヤクルトや近鉄で中軸を打った経験がある。ブルワーズのケン・モッカ監督も中日でプレーした。

北海道日本ハムで二年連続リーグ優勝を果たしたトレイ・ヒルマンもメジャーに戻って長年低迷するロイヤルズの再建を託されている。

ヒルマンなどは、日本に来た当初は、送りバントなどほとんどせず、むやみに打って出る強引な野球を試みては失敗していた。投手にしても、好不調に関わらず、一定の球数を投げれば交代させるメジャー式のやり方で勝ちゲームを落とすことがよくあった。

しかし、徐々に日本の野球になれ、きちんと送ったり、ダルビッシュのようなエースを育ててしっかり完投させるような試合をして成績をあげていった。日本の野球の影響力はもっと評価されてよい。

例えば、WBCで接戦を演じた韓国では、ID野球を標榜するチームが現れているようだ。ヤクルトの監督時代、私の下で打撃コーチを務めた伊勢孝夫がコーチに招かれ、野村ID野球を導入しているのだという。

私が社会人野球のシダックスで監督を務めたときに、私の下でプレーしたパチェコ、キンデランのふたりのキューバ人選手は、二〇〇八年の北京オリンピックで代表チームの監督、コーチを務め、キューバを銀メダルに導いた。彼らも私の下で野球をした経験が役立ったといってくれた。彼らの熱心な態度は私も印象に強く残っている。選手だけでなく、野球の考え方もグローバル化が進んでいる。これは間違いない。

だから自分の経験だけで現在の野球を判断し、指揮するようなやり方ではとうてい勝利を得ることはできない。革命は常に必要なのだ。すでに半世紀以上球界にお世話になっている私でも、つねに自己を新しくして、革命を起す気概で臨まなければ時代から取り残されてしまう。幸い、革命を起こしてやるぞ、という気概だけはまだまだ残っている。それを支えに、若い選手たちと新たな一ページを刻んでゆきたいものだ。

私の半世紀以上にわたる野球生活も大詰めに差し掛かってきた。選手として二十七年間歴代一位の三千試合に出場させていただき現役生活を全うした。監督としては二十四年間、南海、ヤクルト、阪神、そして楽天で指揮を執り、三度の日本一を経験でき、楽天では、悲願のクライマックスシリーズ進出を激戦の末、果たすことができた。

短期決戦は、「敵を知り、己を知る」ことに尽きる。情報戦を含め、五分五分の力を有する両軍の雌雄を分けるのは、決戦における士気と準備力、そしてリーダーの決断である。

毛沢東は、「戦争とは流血を伴う政治であり、政治とは流血を伴わない戦争である」という言葉を残したが、私流に言い換えれば、「革命とは知の勝負であり、野球とは知の革命」と言えるかもしれない。

七十四年の人生において、私は野球に学び、野球を追求し続け、自身を鍛え貫いた。

しかしプロの指導者として、満足しきることはない。この世界は、妥協・限定・満足は禁句である。飽くなき向上心と生来の負けず嫌いが、私をそう駆り立てる。

ただ数多くのプロ野球ファン、若い選手たちに囲まれ、現在まで野村克也の野球を追求させてくれた天に感謝したい。今はそういう気持ちなのだ。

第七章 苦難を乗り越えることが、人間の真価である

〈特別対論〉

野村克也 VS 桑田真澄

PLはノックも凄い

野村　やっぱり、清原は天才か。

桑田　そうですね。PLで彼と出会って、僕は努力するしかない、と思いました。もう最初からモノが違うわけですから。

――野村監督は一九八四年、夏の甲子園の桑田投手を分析されていますね。評論家時代の著書で。「プロ以上だ」と。面白かったのは、「PLはノックも凄い」と書かれています。

桑田　へえ〜。その本は読んだことないですね。

野村　えらい古い本、持ってきたな。一世紀前の本だよ(笑)。すいませんね。僕もその頃は、まだ幼稚でしたから。真剣に読まないで。フフフ。

まあ、アマチュアの監督のほうがノックは断然、上手いよ。俺も社会人野球のシダックス監督を三年経験したけれど、見事なもんだ。評論家時代に中学生の監督も経験したけれど、恥ずかしくてね。ノックなんてしたことがないから、「ノックなし」と言ったら、「ノックしてもらわないと困る」と。

桑田　ハハハハ。

野村　みんな仕事を持っている人が、少年野球の手伝いをしているから。ウィーク・デーは仕事がある。夏休みは、特に。大人はみんな仕事しているでしょう。そうすると、しょうがない、俺が出てゆく……。

つまり、こちらは変なプロ意識があるし、みんなも「プロだから、上手いだろう」という先入観で見るんだよ。ほんとに、どこで恥かくかわからないよ（笑）。

桑田　でも、バッティングより、ノックのほうが簡単じゃないですか？

野村　いや～、バッティングのほうがマシだな。今、「打て」って言われても、無理だけど（笑）。ノックなんて、まずしたことがない。ノックバットなんて持ったことがない。今は、コーチがみんなやるでしょう。監督を二十年以上やってノックしないのは、俺ぐらいのものだよ（笑）。

長嶋もやったけど、王はやるかな？　王がノックしているのはあまり見たことがないな。

桑田　そうですね、見たことないですね。

根拠のないサインは出すな！

――桑田さんは巨人時代、当然ヤクルトとはライバル関係にあったわけですが、九十年代に日本一に三度輝く「野村ＩＤ野球」をどう見ていらっしゃいましたか？

桑田　いや、僕はもう、野村監督と試合をしていたようなものですね。

「今日は、こういうふうに攻めろ！」と指示を出しているんじゃないかとか、「このケースは並行カウントじゃなくて、不利なときにエンドランをかけてくるんじゃないか」とか、常に意識してやっていましたね。当然、やられるときもありますけど、自分が「こうだ！」と思ったところで成功したときは凄くうれしかったですね。今日は調子がいいから勝ったとか、調子が悪いから負けたとかではなくて、向こうはどう判断しているのか、何を仕掛けてくるのか、そういうのを考えながら試合をしていましたね。

野村　そうか。フフフ。

桑田　僕がジャイアンツに入団した一九八六年頃は、関根潤三さんがヤクルトの監督をされていて、それこそ一球で一番打者をバーンと打ち取って、二球でツーアウト取って、次にクリーンナップの池山隆寛さんと広沢克己さん。初球から普通は打たないところをパンと打ってくれて、ショートゴロでチェンジとかというのが結構あったんですね。

それが、野村監督に替わられてから、全くなくなりました。

僕はそれを逆手に取って、じゃあ初球はど真ん中で一球ストライクを取っておこうとか、おそらく、ここは打たせないだろうとか、そんな初歩的な観点から凄く意識していました。特に僕は、力で「ど真ん中、打ってみい！」というピッチャーじゃないものですから。そういうことを考えながら、いかに球数を減らし、また、守りのリズムをよくして攻撃に繋げるかということを考えていました。だから、野村監督との対決は、僕は凄く楽しかったです。

――監督は当時、ジャイアンツの桑田投手をどうご覧になっていましたか。

野村　高校時代からずっと注目されていた選手ですから。まあ、チャンスがあればテレビで拝見していました。

ピッチャーを本格派と技巧派に分けるとしたら、彼は両方兼ね備えている。若いときは特に球も速いし、いい技巧もある。こういうのは、僕の好きなタイプのピッチャー。裏を返せば、敵に回したら嫌なピッチャー。だけど、野球学を学ぶとしたら、こういうピッチャーが好きですね。

僕も解説者を九年間やらせてもらったけれども、こういうピッチャーが先発のときに解説の順番が回ると非常によかった。「今日は、先発は誰だ?」と言って、「桑田だ」となると、「よし!」と。これはもう解説者冥利に尽きる。やっぱり、いろいろ考えて、配球を組み立て、状況を前提にバッターの動きを見ている。点差やボールカウントとかね。

「これぞピッチング、これぞプロだ!」というのを見せてくれる。そういう面で、一ファンでもあったし、非常に勉強にもなったし、彼が投げるときの解説は楽しかった。

こういうピッチャーが投げる試合をテレビ放映されると、視聴者も野球の奥深さ、広がりというのを非常に感じると思います。

ですから僕は解説者として、画面に映るものはあまり説明する必要もないと思ってやっていたわけです。「うまく打ちましたね」「いいピッチングですね」「いいコントロールですね」

というのは、見ていれば誰でもわかるわけです。テレビに映らないものを視聴者に提供すること。つまり、「彼は今こういう考え方をしているのではないか」「バッターは、こういう打ち方をしてくるだろう」という心理を読むことが解説の本義である、と。「うまく打ちましたね」「いい球投げていますね」というのは必要ない、と思っていましたから。

そういう意味で、解説者の立場では非常に楽しく仕事をさせてもらえるピッチャーでした。

桑田　いえいえ。

僕は、野村監督は間違いなく、野球というものをあらゆる面から一通り見られたと思うんですよね。それに比べ、僕はまだ半分しかわかっていないと思うんですね。まだプレーヤーとしてしか経験していませんから。指導することができて、初めて野球というものを見た、と解釈できるのではないかと思っています。

おそらく、野村監督も「野球というのは奥深くて、わからない」と思われる瞬間があると思うんですけれども、僕は、二十三年間プロでプレーをさせていただいて、まだまだ半分だと思うんですね。あとの半分を、しっかり指導者として野球を勉強して、野球界に恩返しをしていきたいと思っています。

ですから、僕はとても、「野球を知り尽くした」というような言葉は出ないですね。野球はまだまだ奥深いので、わからないなと思います。

——野球の怖さ、みたいなものはいつ頃、知られましたか。

桑田　一球で状況が変わりますからね。ですから、セオリーとかもあると思うんですよね。自分はこう攻めたい、と思うときもありますが、必ず一球自分が投じて、ストライク、ボールという結果が出ます。その結果で、必ずもう一度、再確認するようにしています。一球、一球、状況が変わるので、アンパイアのコール一つ、ヒットかアウトかでどんどん変わっていきますから。打順、点差でも変わっていきますから、常に状況が変わるので、早く状況を読めるように、いつも自分のセンサーを敏感にしておきたい、ということは考えていました。

――監督がよくおっしゃいますが、ピッチャー型の捕手もいれば、キャッチャー型の投手もいると。そういう意味では、桑田さんは頭脳派の思考のピッチングですね。

野村　そう思いますね。代表的なピッチャーですよ。

逆に、古田なんかはピッチャー型の捕手だわな。見ていると、普段の性格からしてそうだ。監督として、キャッチャーの素質を見るときに、一番大事なのは性格を見抜かなければいけない。ただ、性格面での適性を見抜くのには時間がかかるね。まあ、「扇の要」と言われるぐらいだから、目配り、気配り、思いやりじゃないけれど、まずグラウンドの隅から隅まで目が行き届いているか。そういう性格じゃないと。つまり、キャッチャーは、守っているときの監督なわけだから、監督の代行をやっているわけだから、それぐらいの責任感、使命感を持ってやってくれないと。

捕手は、野球心理学者と言っていい。

そうすると、自分は大変なことをやっているのだ、と。例えば、結果が出て、負けたと。特に負けた試合で思う。「ああ〜、あの一球だった」と。結果論で、負けてから大事な一球というのがわかるけれども、人間の悲しいところで、やっているときにはわからない。この一球で試合が決まってしまうというのは、負けて初めてわかる。そういうことの積み重ねで、だから一球を大事にしないといけない、と。だから私がキャッチャーにやかましく言うのは、「根拠のないサインは出すな！」ということ。こうこうこうだからストレート。こうこうこうだから変化球。一球、一球、「なぜここで真っすぐを投げさせたのだ」と、ちゃんと説明できるかということをしつこく言います。そうでないと、あまりにも無責任なサインを出すことになる。

しかし、どういうサインを出したらいいかわからない。迷う。困ったときは原点で、外角低めに投げる。「困ったときには原点だ」と教えています。ところが、外角低めのサインばかり出しているから、「いつも困っているのか、コラ！」と（笑）。全投球で困っているようじゃ困るわけですが、楽天の嶋がまだその段階です。全然、見えない。

桑田　全球意図があるサインというのは、僕も、一試合平均約百三十五球投げたとして、一試合たりともそれを達成したことはないですね。やはり、わからないときがあるんですよ。「初球はどうやって入ろうかな」と迷うときがありますが、僕は、そのときは自分の第一勘に頼りましたね。どうしてもわからないピンチのときもありましたから、そのときは第一勘に頼るしかなかったですね。まだまだ野村監督の域には達していませんから。

野村　十二種類のボールカウントがありますよね。0−0、0−1、0−2と。一番難しかったのは、おっしゃるように初球です。バッターボックスにバッターが来て、構えますよね。何を考えているかわからないから、一球目は何から入るか。「一は、はじめ」とも読む。はじまりなので余計に難しくなるわけですが、一球でもバッターの目の前を通過すると、バッターが何らかの反応を示す。

キャッチャーというのは、バッティング論もしっかり勉強しておかないと、バッティングというのは、ひと言でタイミングだと。十人が十人、異口同音にバッティングで重要なものを一つ挙げれば、タイミングと言う。だから、見逃したときに、その球種に対してタイミングが合っているか、合っていないかを探る。そうすると、「こいつは今、真っすぐを狙っていたな」「変化球に比重を置いていたな」というのが見えるようになってくる。

その前に、一番最初にキャッチャーがやることは、受けるピッチャーのその日の状態、そのピッチャーの特徴、弱点を摑《つか》むこと。持っている球種のなかで軸になる球は何か。その日によっていち早くそれを探して、その球を軸に組み立てて試合に臨んで、相手との兼ね合いで、変わるところは変わる、押すところは押す。

だから、「配球に、決まりはない」わけです。一球一球が応用問題。応用問題というのは、要するに、得点差、イニング、ボールカウント、諸々の条件の中で一つの答えを出していかなければいけない。そういう非常に複雑怪奇、配球の分析をしていると非常に複雑になってくるので、何を投げさせたらいいかわからなくて困ったときには、原点の「外角低め」だと。バッター全体に通用する球が外角低め。全打者に通用する。それと、ピッチャーが持っている球種の中で、全バッターに通用する球があるか、ないか。快速球というのは一番誰にでも通用する。それから、現代野球では誰もが投げるフォークボールがだいたい全バッターに通用する。そういう前提の中で組み立てていくわけです。

バッターに「おい、今、何を考えている?」と聞いて、教えてくれればいいけれども、教えてくれないわけですから（笑）。

桑田　ハハハハ。

野村　だから、まずは打者分析からはじまって、一球一球バッターの前を通過したときの観察。それでわからなければ洞察。最終的には判断、決断になるわけです。キャッチャーにはそういう力に、記憶力も要る。そう考えると、キャッチャーというポジションは、難しい。

桑田　なるほど、そうですね。

野村　だから、家に帰って、奥さんがしっかりしている家は、ちゃんとうまく機能していく。旦那をうまく働かせることが上手な奥さんと同じことで、俺は、そういうつもりでキャッチャーをやっていた。

やっぱり、キャッチャーはチーム一の野球好きでないとダメですよ。もう野球の話をしだしたら止まらないぐらいの。責任感、使命感を強く持ち、その上で野球大好き！　というのがキャッチャーの絶対条件！

江夏との夜

――監督が人生で一番、野球談議をしたのは、実は、江夏豊さんだったと。

桑田　へえ〜、そうなんですか。

野村　あいつは南海に来たとき、まず素行が悪い（笑）。難波球場という、大阪のミナミの繁華街のど真ん中にあって。

桑田　ああ、難波球場ですか！

野村　そう。そうすると江夏は、家に真っすぐ帰ってこないらしい。甘党で酒は飲まないけれども、とにかく麻雀が好きなんだよ。

あるとき、江夏の奥さんのお母さんが俺の家に来られて、当時うちも豊中のマンションに住んでいて、隣が空いていたので、「それを買うから、是非、江夏さんを監視してほしい」と言われた。とにかく、家に帰ってこないと。それで、「わかりました」と。

あれも、家に帰ってもピッチャーだなと思うのは、自分が親父のくせに、子供を抱いたこともなければ、風呂に入れたこともない。たまに家に遊びに行ってしゃべっていると、江夏が「オーッ」と帰ってくる。そうすると、下の男の子がお母さんに、「あの人、いつ帰るの？」と言うぐらいで、お父さんだと思っていないんだよ（笑）。

桑田　ハハハハ。自分の家なのに。

野村　よそのオジサンだと思っている。そういう父親なんていうのは、前代未聞だよ。それぐらい家に帰ってこない（笑）。

それで、隣のマンションに引っ越してきて、豊中から難波の球場まで、彼は免許持ってないから、送り迎えの運転手が俺で、あいつは試合が終われば、必ずどこかで遊んでくる。たまに家に早く帰ると手持ち無沙汰なんだよね。それで、夕食が終わるとヒマでしょうがないから、隣の俺の家に来て、座り込んで野球談議をした。好きだね。

その日に投げた球の中から、「あの一球はわからん」というところからはじまって、「なんであそこで真っすぐのサインが出たのだ」とか、「なんであそこで変化球のサインが出たのだ。どうも納得できない」と。まあ、キャッチャーは監督だから、言われた通りに投げたけれども、「俺はどうも理解できなかった」とか。一球、一球、非常に根拠を持って考えて、彼はピッチングしているんですよ。投げた日はそういう質問が多かった。遠征に行っても、「コンコン」と部屋に入ってきて、「今日のあの一球はわからん」のひと言から始まる。

桑田　意外ですね、江夏さんは。

野村　しつこいんだよ、あいつ。それから話がどんどん広がって、夏なんか、夜が明けるのが早いでしょう。「おい、夜が明けてきたから、もう寝ようや」と言うまで話していることが、再三あったね。あれも宵っ張りの朝寝坊だから、夜は強い。
そういう男でしたが、とにかく野球大好き人間だった。

――桑田さんは、そういうバッテリー同士では……。

桑田　ＰＬ時代は今《いま》久《く》留《る》主《す》成幸《なりゆき》というキャッチャーがいて、彼は明治大学に進んで、横浜ベイスターズに入って、最後は西武ライオンズに行きましたが、よく話しました。
ジャイアンツ時代は村田真一さんですよね。村田さんはああいう性格ですから、「真澄、教えてくれ！」と言って、「俺のほうが年上やけど、わからへんねん！」と、ストレートな人なので。それからよく話しましたね。

プラスの中にマイナスがある

桑田　野村監督を見ていると、僕はもう並列でパッと判断されていると思うんですね。だいたいの選手は直列なんですよ。「こうなったから、こうで、こうで」と、時間がかかるんですね。そのうちに面倒くさくなって、「もういいや、カーブ投げとけ」となってしまう。
いいキャッチャー、いいピッチャーというのは、一球投じて結果が出たら、その時に並列でパッと作業できないといけないと思うんですよ。キャッチャーだと、捕ったときにバッターの動きや、ストライク、ボールが決まりますよね。カウントがどうなるか。次のバッター、点差、イニング。「次は何で行こう」というのが、並列でパッと出てこないと一流の選手になれないと思うし、ピッチャーは「次はどうしようかな」と迷うんじゃなくて、その一球の結果によって、並列でサッと判断できるように、普段から努力しないといけないと思いますね。

バッターでも、守備でもそうだと思います。僕は捕りながらでも、セカンドに間に合う、間に合わないというのは、別に見ていませんけど、「後ろの目」で見る努力をしたら、見えるように感じるんですね。だから、捕りながらも並列で作業をしているわけです。間に合う、間に合わないという。例えば、ランナー二塁でバント処理するときも、キャッチャーは「ファースト」と言っていますけど、サードで自分では間に合うと、見えるときがあるんですね。そういうセンサーを繊細にしておくというのは、普段の努力しかない。練習のための練習をしていると、それは磨けない。常に試合を意識して練習していると、そういうのがある日、突然、わかるようになりますね。

――「見えないものを見ろ」というのは野村監督の持論でもありますよね。桑田さんは、いつ頃から身につけたのでしょうか。

桑田　僕はＰＬの高校三年間で培った哲学が、今も揺るがないんですよね。それで止まっていたらダメで、さらにいろいろな経験をしてよくしていこうと思いますが、何かあると必ず戻って、それが凄くシンプルで、自分の中で不変なものなんですよね。

よく武士道と言われますが、野球道という道ですよね。「道」＝「心」に繋がると思います。心というのは見えないですよね。僕たちは数字の世界、結果の世界ですから、数字ばかり見てしまいますが、「見えないものを見る」努力をしていけば、見えていないけれども見える気がする。見えなくても感じ取れると思うんですね。ですから、心を大事にしてきたと思います。「そんなの……」と言われるかもしれませんけど、実際にそれでプロで二十三年間やってこられたので、それを大事にしていきたいと思っています。

当然、データも大事ですよ。そういうものはしっかり頭に入れておくことは大事ですが、その上でということですね。

――現役時代、データはどれぐらい活用されていましたか。

桑田　僕は、先発でしたから試合の前日までにある程度、頭に入れておきました。試合当日は、練習が終わったあとに、軽くシミュレーションをします。そのとき、僕はマイナスのシミュレーションばかりしたんですね。

よく「プラス思考、プラス思考」と言われますが、プラス思考ばかり考えてマウンドへ行って、いきなりノーアウト満塁になると、焦ってしまうんですね。だから、最初からノーアウト満塁のシチュエーションをつくっておくわけです。そこから、初回に二点取られたけれども、完投して三対二で勝てたというシミュレーションをしておくんです。

僕は、こじつけですけど、野球というのは「3」という数字を大事にしてずっとやってきました。野村監督の前で偉そうに、申し訳ないんですけど（笑）。

野村　いやいや、いいんだ。

桑田　すいません。

つまり、ストライクも三つだし、アウトも三つだし、前半、中盤、後半と。それと、ピンチも三回来る、チャンスも三回来ると。だいたい自分の経験でそういうふうに割り切っています。ですから、初回にピンチが来ても、三回あるうちの一回だと。三回来て一点ずつ取られても三点だと。そのうち二回目のピンチを0点で切り抜けたら、二失点で済む。初回三点取られたら、あと二回ピンチが来るけど、ここを頑張って0点で抑えれば試合はつくれるというように解釈していく。ですから、プラス思考は大事ですが、僕はいつもマイナスから入ります。

ある日、「十」という記号を見ていたときに、ああ、マイナスというのがないとプラスにならないんだなと。プラスの中にはマイナスがあるのだと。ですから、最初からプラスではなくて、最初マイナスから入って、自分の努力で縦に一つ入ればプラスになると。だから、僕はいつもマイナス思考で、マイナスから入るんですね。

じゃあ、それでいいのかと自分に問いただすと、やっぱり嫌ですよね。じゃあ、どうするか。何か方法はないかと、そこからいつも考えます。

野村　いいキャッチャーになったよな（笑）。ピッチャーじゃなくキャッチャーをやればよかった。ピッチャーをやったのは間違いだよ（笑）。ＰＬの監督が、適性を見抜くのが間違っていたんじゃないか（笑）。

桑田　ハハハハ。

野村　当然、肩もいいし、バッティングもいいしなあー。俺が高校野球の監督で、彼と出会ったら、キャッチャーをやらせたよ。ピッチャー向きじゃないね、どう見ても。

これがまた野球の不思議なところで、キャッチャー向きの性格の選手がピッチャーをやって、大成している。だから、ピッチャーをやらないときは、キャッチャーやればよかったんだよ。休みなしで（笑）。

桑田　ハハハハ。

プロとは二者択一

野村　話を変えて申し訳ないけど、なんでこの人を巨人は辞めさせるの？

今ずっと話を聞いていて、大変な野球博士というか、やっぱり、これからの野球はこうじゃなきゃいけない。なんで巨人が放すのかなと、ふと思ったんだけど……。

こういう論理的に物事を捉える、江夏でも、言っていることは正しいし、なるほどと思うけれども、勉強していないヤツらはそれがうるさくて、「理屈ばかり抜かしやがって」と言って寄せつけない。野球界はそういう連中が多い。

野球は、状況判断が前提にあって、どう考えても「頭のスポーツ」ですよ。

だから野球を掘り下げる、野球を哲学化するというのは大事なことだよ。プロというのは、イコール専門家でしょう。もっとわかりやすく言えば、プロ野球選手は野球博士でなければいけない。だから、彼が言うように、野球というのは奥行きがあり、広がりがあり、大変なスポーツだ。

簡単に考えてもできるし、深く掘り下げてもできる。どちらの道を行くかということだよね。プロとは二者択一だ。そこでタイプが分かれる。結局は、「野球は理屈じゃない」というほうに行ってしまうと、みんな精神野球、「気合だ！　根性だ！」ということになる。これは間違いない。

同じ大投手でも、四百勝の金田（正一）さんがそうだね。こっちも理屈っぽいから、理に適っていないと納得できないから、それで意見が衝突する。そうすると、「野村、野球は理屈じゃねえ！」と怒られちゃうわけ（笑）。

桑田　ハハハハ。

野村　「気合だ！　根性だ！」と。

まあ、金田さんの場合は、それでできたからいいんだろうけど。ただし、凄いピッチャーだったことは事実だ。ビックリした。京都の田舎の丹後から出てきて、オープン戦で金田大投手をネット裏から見て、「凄いな。とてもじゃないけど、俺は一軍の選手にはなれない」と思った。

桑田　当時は、真っすぐとカーブだけですか。

野村　そう。真っすぐとカーブだけ。前へ全然、打球が飛ばない。つまり、ああいう性格の人だから、全バッターを見下ろしている。赤子の手を捻るようなものだよ。

桑田　そうですか。

野村　落合がロッテに入った一年生のときは、監督はカネさん？

桑田　稲尾さんですね。

野村　ちょうどあのとき、僕は西武にいたんですよ。キャッチャーをやっていて、まあまあ評判のいいバッターだから、こっちも意地があるし、「若造に打たれてたまるか」と思って、うまく抑えた。

そうしたら、ロッテの高畠導宏コーチが私のところに来て、「参りました」と。こちらは当時、西武の一兵卒なのに高畠は、南海時代からの縁で俺を「監督！」と呼んで、「監督にかかったら、落合も赤子ですね」と言ってきたことがあった。

まあ、そのときから片鱗はあったよね、落合は。これはいいバッターになると。落合の起用は、高畠コーチの進言で決まったと聞いているけど。

野球狂・榎本喜八

野村　キャッチャーが一番困る、ピッチャーも同じだと思うけれども、俺が一番イヤなバッター、一番攻略に困るバッターというのは、ボールに手を出してくれない、選球眼のいい打者で、これは一番攻略が難しい。ボールに手を出してくれるバッターは非常に処しやすい。こういうところに、こういう球を放れば、だいたい八〇～九〇％は手を出してくるというのがデータで出てくるから、もう、ワンストライクを取ったらこっちのものだった。

現役時代、最も選球眼のいいバッターというのは、パ・リーグでは榎本喜八。セ・リーグでは王貞治。王より榎本のほうが選球眼はよかったと思う。

王とは、リーグが違ったから、あまり対決は多くない。オールスター、日本シリーズぐらいしか当たったことはないけれども、最初、彼は十八歳で、大阪球場で試合に出てきた。王の最初の印象は、「こいつ、若造のくせに選球眼のいいやっちゃな」と思いましたね。

榎本はその上を行っていた。ある試合で榎本は、インコースのスライダーをスーッと見逃した。ほんの少しボールだった。ところが、判定はストライク。そうしたら、彼はボックスでアンパイアを睨みつけて、「三センチ外れているよ」と。本当に三センチ外れているんだよ。

桑田　へえ～。

野村　「大した野郎だな」と思ってね。まあ、野球を離れたら変人で有名だったけど（笑）。榎本はいわゆる野球狂。彼にとっては、三割打つのがテーマであり、三割打って納得というのがあったと思うけれども、もう最後は三割打てなくなった。それから精神的に少し不安定になってきて、彼はファーストだったから、打者が一塁に来ると、みんな同じことを言われて、帰って来る。ボソッと言われるんだって。「おい、おまえは明日死ぬぞ」って（笑）。

桑田　試合中にですか？

野村　そう。それで、俺がヒット打つと、「野村、おまえ、明日死ぬぞ」と。「何を言っているんだ、おまえは」と言い返した。ベンチに帰って、「あの野郎、こんなこと言いやがって」と言ったら、「僕も同じこと言われました」ってみんな口を揃える。

あと、こんな話もあった。稲尾は、当時、榎本の所属する西鉄ライオンズの監督だった。ある日、東京のどこかの球場を借りての練習だったらしいんだけど、バスだから、全員がちょっと遅れたらしいんだよね。榎本は東京出身で、地元だから実家から直行して早く着いていた。そしたらもうレフトのスタンドで、じっと座ったまま動かない。「遅い。今日の練習は中止だ！　遅れて来た罰金だ！」と叫んでいたという。まあ、そんなことがあったりね……。

それから、日米野球で甲子園。オールジャパンの練習がはじまると、なぜか知らないけど、甲子園のダッグアウトの向かって一番左の隅っこに座ったまま、ひと言も言わないで、下向いて座っていて、みんなが「おい、練習だぞ」と言っても、黙って下を向いたままで一歩も動かない。試合が始まっても、物言わない、動かない、座ったきり。そんな状態の奴に代打で行けだの、試合に出ろと言えないじゃない。

あの頃から、ちょっとおかしかったよね。野球をつきつめて考え過ぎて……。やっぱり三割を打てなくなったことが原因だと思うね。自分で苦しめていって、精神的に不安定になったんじゃないかな。引退してからは、家から一歩も出なくなった。誰にも会わない。部屋に閉じ籠って出てこないから、奥さんだけが食事を部屋に運んで。それで、早実の先輩の荒川博さん（元読売巨人軍打撃コーチ）に頼んだらしい。荒川さんに自宅に来てもらって、「おーい、榎、出てこい」と言っても出てこない。「話しようや、出てこいよ」と言っても出てこない。「入っていいか?」と言ったら、「入るな! 入ったら撃つぞ!」と。あいつは猟銃か何かやっていたでしょう。それで、少しドアを開けた途端、「ドーン!」と天井に撃った!

桑田　へえ〜……。映画みたいですね。

野村　そんなことがあって、しばらくは誰も相手にできなくなっちゃって、今どうしているのか知らないけど、引退してだいぶ経ってからも、毎朝散歩しているとか、ジョギングしているとか。それで、誰かにポロッと漏らしたのは、「必ずどこかの球団が俺を迎えに来る!」と言って、毎朝ジョギングをしていたらしい。それぐらい野球に熱中した人も珍しい。

「野球道」とは何か

――監督は南海のプレイングマネジャー時代に、選手たちの家庭訪問もされていたということですが。

野村　ちょっと行き過ぎだけどね。

監督として、僕は未だに言っていますが、グラウンドだけで上達、進歩なんていうのは無理だと。二十四時間の使い方！　これが、長い目で見たときに勝負を決める。最低でも、家へ帰ったら一時間ぐらいはできるだろうと。一時間は野球の時間を持てと。野球を考える。それでもいいし、当然、打者ならバットを振るとか、ピッチャーならランニングなり、ウェイトトレーニングもあるでしょうし。

僕は現役時代は必ず、いくら遅く帰っても自分でスケジュールを作って、それをやってからじゃないと寝なかった。当時、利き腕で重い物を持っちゃいけないとか、水泳で肩を冷やしちゃいけないとか、当時のピッチャー連中は、夏のクソ暑いのに、毛糸で編んだ「肩当て」をしていたんだよ（笑）。

桑田　僕も「冷やすな」と言われていましたから、長袖を着て、「肩当て」というのがありましたね。毛糸までいかないですけど、サポーターのやつを付けていました。

野村　夏のクソ暑い、冷房もない合宿で「肩当て」して……。そういう時代だった。迷信がはびこっていて、いつ頃からかな、投げたあとに氷で肩を冷やしているでしょう。我々の若い時代からは考えられない。

それで、日米野球でキャッチャーをやっていると、当時のメジャーリーガーたちは、みんな物凄いんだよ。カーン！　と、打球が違うやん。狭い後楽園球場なんて、遥か彼方にボールが飛んでいく。もう、あのパワーは何なのかなと、素朴な疑問を持つわけ。それで、とにかく腕を徹底的に鍛えようというので……。周りの意見も聞かずに、鉄アレイで筋肉トレーニングを始めた。

桑田　野村さんはウェイトをされてたんですか。

野村　メジャーの連中の腕を見たら、鍛えて太い腕にしようと思い……。

桑田　最先端ですね。

野村　うん。そういう迷信に逆行して、そんなことは絶対ないと。日米野球であいつらの体を見て、絶対に体力だ、パワーだ、と痛感したね。

――桑田さんは、実際に大リーグを体験されて、いかがでしょうか。

桑田　僕はやっぱり、先ほど監督も言われましたが、経験するということは凄く大事だと思います。僕は、「百聞は一触に如かず」と、要するに、経験するということですね。自分の目で見て、自分で触れてみたいと思うんですね。

選手としてアメリカのチームに入れたことも、凄くいい経験になりましたし、ヤンキー・スタジアムやいろいろな球場で試合ができたというのは、コーチとしてベンチに入るとか、ファンとしてスタンドから見るのではなく、選手としてマウンドに立って、グラウンドでプレーできたというのは、非常に大きかったですね。

野村　メジャーリーグは、試合前には本当に練習しないの？

桑田　しないですねえ……。でも、いい選手は早く来てやっていますね。

野村　外国人選手が異口同音に言うのは、「日本人は練習し過ぎだ」と。だから、試合が始まると疲れてしまうということを、だいたい昔から言っていた。

――日米の文化の違いでしょうか。

野村　彼が先ほど言った「野球道」、そういう「道」というのは、自分を律する、自分自身の修行だと思う。

俺はいい加減な男だから、そこが俺の一番イヤなところなんだなあ。すぐ「心」とか「道」という言葉が出てくる。それを言われると、俺はついていけない。そこに違和感がある。

俺はまだ「心」という言葉を使えないんだよ。自分がまだまだとてもじゃないけど人間形成ができていないと思うから、選手に向かって「心」だの「道」だのということの指導をできない。だから、俺はそこまで野球を追究していない。未完成。

桑田　野村監督がそうだったら、僕なんかまだまだですよ（笑）。

野村　いや、彼がそう言うのは、ＰＬの、学校の影響かなと思っていつも聞いているんだけど。このあいだも女房と、桑田さんというのは頭がよくて、しっかりしているのね。ただ「心」を言わなければ最高なのにって、女房も言っているんだよ（笑）。

心までの問題にたどり着けば、ほぼ完成でしょう。我々凡人は、心に替わるものとして、頭を使うということで、取り組んでいる。まだまだ最上段の段階まではいかない。

桑田　いえいえ。

僕はただ、よく言われる武士道とか、書道、茶道など、「道」がつくものは努力が必要だと思うんですね。努力で何とか近づけると。

「投球術」「打撃術」などの「術」は、技だと思うんですね。術は技なので、その人の実力。でも、敢えて「野球道」と言いましたのは、努力をすれば自分が思うところに近づけるんじゃないかな、と思ったわけです。

（自著『試練が人を磨く』を手にして）これも偉そうに、『試練が人を磨く』とタイトルにありますが、「試練」は結構マイナスなイメージがありますよね。辛いこと、悲しいことや、挫折したみたいな。しかしそうではなく、単純に「練習して試す」ということなんです。鍛錬して、試合で試してみる。要するに、「挑戦する」ということですね。そういう意味で「試練」を使わせてもらっています。

僕は何度も失敗したので、でも、何度でも起き上がってきました。だから、練習して、練習して、試してきたんですよね。それしかなかったものですから。ＰＬで清原君に出会って以来、自分はもう努力するしかない、と思ってやってきました。

野村　まあ、心の問題ということになるかもしれないが、僕は、人間は最低限持っていなければならない要素には三つある、というのを大事に考えている。

一、節度を持て　二、他人の痛みを知れ　三、問題意識を持て　の三つです。

テスト生から這い上がる

――おふたりとも、大ケガも含めてさまざまな苦難に出合って、それを乗り越えてきたタフさの根源とは何なのでしょうか。

野村　桑田君と俺とは正反対でしょう。テスト生というのはどういうものかわからない。一番下から這い上がってきたプロセスというのは。彼は金の卵で期待されて巨人に入団した。プロへの入り方も全く違うので、我々の二軍時代のそういう気持ちはわからないとは思う。

テスト生というのは、プロに入ってどれだけ大変かというのは、経験した人しかわからない。人間は無視、称賛、非難と、こういう三段階で試される。これはまさに名言であり、俺はそのまま実践してきたことになる。まず、無視からはじまったから。そして、三年目にちょっとよくなって、四年目に試合でほとんどレギュラーを取ったときに、監督がさりげなく

「おお、おまえ、ようなったな」と、たったひと言だけど、それが凄い自信になって、それからまさにそのまま、格言通りに来た。レギュラーを取り、ホームラン王を取ったり、その時期に来ると非難轟々。ボロカスだよ。「何が三冠王じゃ！」「何がホームラン王じゃ！」「ちゃんちゃらおかしいわ、大きな顔するな！」とけなされたことがあった。鶴岡監督はまず、褒めるということを一切しない監督だった。

桑田 三冠王を取っているときもですか？

野村 全然、「おめでとう」もなく、知らん顔。

桑田 あり得ないですよねえ。

野村 そういう監督だったんだよ。褒めないことで有名だった。

まさに、「叱ると褒めるは同意語だ」と言うでしょう。やはり、頑張っている以上は、褒めてもらいたいという願望がある。すれ違っても何をしても、何も褒めてもらったことはない。鶴岡監督とは二十年そばにいて、あの人が褒めたのはたった一人、杉浦忠という、南海が初めて巨人に四連勝して、初めて日本一になった立役者で、一シーズン三十八勝で四敗しかしないという大投手がいた。

桑田 それだけ試合に登板しているというのも凄いですね。四十試合以上投げているって……。

野村 今でいう、セーブもやっているからね。三十八勝四敗、何セーブ。当時はセーブポイントがなかったからね。

桑田　凄いですね。

野村　そういうピッチャーがいて、彼だけは褒めたのを目の前で見た。「本当にチームに貢献したのは杉浦だけじゃ！」と、こういう言われ方をした。

まあ、監督からすれば、選手たちの反骨心を期待しているのかどうか知らないけど、それを聞いていて、「野球は一人でできるわけがない、受けているのは俺じゃ！」と、心の中で反発をしていた。

そういう監督さんの下に二十年いたので、やっぱり、将来、桑田君も監督をやっていくだろうけど、自分が歩んできたプロセスで必ず、無意識に影響を受けている監督がいる。俺は間違いなく鶴岡さんの影響を受けている。褒めない。

——古田さんのこともほとんど褒めないですよね。

野村　褒めない（笑）。

いや、心では、胸の中では褒めているんだけど、照れ屋もあるんだよね。褒めるというのは、自分をさらけ出すことになるでしょう。人の欠点というのは見やすい、よく目につく。それで、「ここがいい」と褒めると、自分のレベルを悟られそうで恐いんだよ。「こんな幼稚なことで褒めるのか？」と思われるんじゃないかと、そういうバカなことを考える監督だから、俺は（笑）。褒めるというのは難しい。タイミングもあるし。褒めることで自分の野球レベルを示すわけだから。

まあ、岩隈あたりが完封して「ナイスピッチング」ぐらいは言うけれども、あんまり……、何かねえ……、自分のレベルを見破られそうで……(笑)。

褒めるテクニックは、直接的、間接的があると思うけれども、確かに、監督が褒めるということは選手の自信に繋《つな》がる。育てるということは、イコール、いかに自信をつけさせるか。そういうことで監督は選手のサポートをしていくわけですが、こういうことがあったんだよ。

南海入団三年目のハワイキャンプ、当時、海外旅行は非常に珍しい時代だった。昭和三十一年、ジェット機がまだ飛んでなくて、プロペラ機で行って、ウェーク島にワンバウンドして、そしてホノルルに入る。十二時間ぐらいかかって、ウェーク島に降りて、戦争の残骸があちこち、墜落した飛行機がそのままほったらかしにしてあるわけ。そういうのを目の当たりにして、初めての海外旅行というか、まあ、あのときは田舎者丸出しで、しかも、二軍から俺一人行ったんだよ。

それでキャンプがスタートして、いよいよ現地のチームとのオープン戦が始まった。ハワイのチームだから弱くて、レベルが低くちょうど手頃な相手だったのがラッキーでしたね。キャンプに行けばブルペンキャッチャーが絶対数必要でしょう。「二軍から、壁一人連れて行くぞ!」ということで。

桑田　「壁」ですか!

野村　そう、「壁」。なぜか二軍の監督が「野村、おまえが行け」と言われて、うれしかった。「壁」でも何でもいい。一軍に交じって練習できるし、監督に見てもらうチャンスだから。

そうしたら、幸いなことに、レギュラーの松井さんというのが、肩が痛くて試合に出ない。二番目の小辻さんという人が当然出るかと思ったら、監督に睨まれちゃって、海外旅行が珍しい時代だから、この小辻さんもベテランと同じように、毎晩外に行って遊んで、飲んだくれて帰ってきて、試合が始まる前に怒られてるんですよ。「お前は、日本に帰ったらクビじゃ！分もわきまえず、毎晩遊び呆けやがって！」と怒られていて、横で「しめしめ」と聞いていたら、「おい野村、いいや、おまえ行け」と、こういう感じでチャンスをもらった。

そうすると、手頃な相手だから活躍できて、十数試合やって、最後に、ハワイ野球協会主催のお別れパーティーがあって、そこで新人賞という、小さなトロフィーだけど、表彰してもらった。それで、羽田に着いたら鶴岡監督の記者会見で、次の日の新聞にその記事が出ていた。それが自信になった。

「はっきり言って、ハワイキャンプは失敗だった。ただ、一つ収穫があった。野村に使える目処がついた」と。

このひと言。こういう間接的な褒め方が、一つの自信のきっかけで、実際に日本に帰って、オープン戦も出してくれるし、そこそこ打てた。

ただ、そのままシーズンに入ったけれど、やっぱり本番になると固くなるし、リードのイロハもわからない。忘れもしない。後楽園球場の開幕試合、先発は柚木進《ゆき》さん。南海の左のエースで、男前で、フォームはきれいで、大変人気があった人です。しかも、俺より年齢も一回りぐらい上なんだよ。俺は三年目のぺーぺーでしょう。もう、あがっちゃって、何のサイン出していいか、わかんない。

当時、キャッチャーの配球なんか教えてくれる人は、誰もいなかった。未だにそうだけど。全部、独学だよ、俺は。キャッチャーの配球指導というのは難しい。そんな配球のイロハもわからず、ただ漠然と座って、ただ指を出してるだけ。「真っすぐでいいですか？　カーブでいいですか？」というような……。そうすると、ベテランのピッチャーだから首を振って、自分の好きなように投げる。

それで一回が終わってチェンジになって、「もうお前はサイン出すな。ノーサインでいくぞ」と柚木さんに言われた。「ただ、ランナーが三塁に行ったときは、サイン出させてください」とお願いした。

そんなプロデビュー戦だった、俺の場合は。

野球＝人生そのもの

――桑田さんは、いかがですか。

桑田　いろいろありましたけど、今のお話は、野村監督の人生そのものですよね。

何が起こるかわからないじゃないですか。おそらく、野村監督が入団されたときに、誰もですよ、野村監督が今日《こんにち》あるような大選手、大監督になるなんて思わなかったでしょうから。

「絶対」ということはないんですよ。誰も先のことはわからないということですね。

ですから、自分の目標や夢があるのであれば、それに向かって自分でコツコツ努力をしていくしかない。他人の評価なんか、あまり気にしちゃいけないと思いますね。自分を第三者的に見るために人の評価を聞くのもいいと思いますが、絶対ということはない。今の経済もそうですよね。大企業も倒産する時代ですから。野球も同様で、配球の話でも、監督が「絶対という配球はない」と言われた通り、絶対はないんですよ。だからこそ、自分を信じて努力していくことが大事だと思います。

僕もプロに入ったとき、「おまえなんか、ピッチャーは無理だ」とさんざん言われました。「おまえが通算で五十勝したら、俺が何かやってやるよ」と言う人がたくさんいました。でも、絶対ということはないですから、そういう評価も正しいと思うと。でも、「僕はピッチャーをやりたいです」と言い続けました。「おまえはショートに行け」と、結構言われましたね。

豊田（泰光）さんとかにも、ボロカス言われました。

野村　いい内野手になっただろうね～（笑）。

桑田　ハハハハ。

野村　今、「評価は気にしない」と言ったけれど、そこがテスト生と契約生の違いだなと思ったんだけど、我々がプロに入った頃、特に二軍の三年間というのは、人の目、人の評価が気になって仕様がない。監督がどう見ているかなと。一軍の監督は、なかなか二軍の練習なんかに来ないから、たまに来ると、監督がそこにおるだけで違った。ユニフォームも着ていなくて、私服で立っているだけで、我々は緊張感でピーンと張り詰めた空気ができるわけですよ。なんとか自分を見てもらおう、認めてもらおうと思って。

そういうときに限って力んじゃって、当たり損ないの、「こんなバッティング見られたらヤだな」と思って、チラッと見ると、ジーッと見ているんだよ。

桑田　ハハハハハ。

野村　「カーン！」といい当たりしたときにフッと見ると、見ていない（笑）。

桑田　ハハハハハ。

野村　そういう、いじましさと言うか、二軍の選手はやっぱりそういう心境だよ。それを自分も経験したから、できるだけ二軍の練習や試合を見に行ってやる。グラウンドにいるだけでいいんだよ。やっぱり行くと、選手の眼の色が変わってくる。みんな自己愛で生きているわけだから、それはよくわかるんだよ。

だけど、昔、ウエスタンリーグは、一軍がやる球場で前座をやるでしょう。いまイースタンリーグは、場所が違うんだよね。ヤクルトでも、戸田とか。巨人は多摩川か。そんなところに行っていたら間に合わなかったり、まして、都心を走るから渋滞に巻き込まれて、試合だって危ない。遅れることがあるから、なかなか顔も出せない。行っても、三回までいたらいいほうだから、どうしても足が遠のいちゃう。そういう面では、ウエスタンリーグのほうが環境はよかった。一軍と同じところでやる。一軍の監督が試合を見に行きやすい。しかも、一軍の試合の前座をやりますから、球場に行ってそのままいればいいわけだから。

――おふたりから是非、プロ野球全体に対する、ご提言をお願いします。

野村　我々が現役プレーヤーのときも、十年選手制度というのがありました。ちょうど我々の先輩、当時、阪神に田宮謙次郎さんという方がいて、あの年代で打ち切りになったのかな。それで、選手会と球団関係者、選手会長が集まって、説明会がありました。十年選手制度を打ち切ると。忘れもしない、僕も選手会長をやっていた。それで、西鉄ライオンズの球団代表が、頑として「十年制度は廃止だ」と。なぜかと言うと、今は契約金が高くなったから、また十年目にボーナスを出すなんてとんでもないと。まして、球団はみんな赤字経営だというようなことを主張して、絶対にダメだ、となったのを、選手会を担ぎ上げて、新十年制度復活ということで、我々が代表で交渉に行きました。

　結局、妥協案として、入るときに何千万という契約金を貰った人は資格が無しと、分けたらどうだと。契約金ゼロの人は最低いくらまでと。最高額一千万という線を切られたんですよ。ちょうど十年選手制度に引っかかっちゃって、最高額の一千万ということでしたが、それでやっと西宮の住宅街に家を建てて、全部使って終わりなんですけど（笑）。

桑田　ハハハハハ。

野村　土地を買って家を建てたら、全部終わっちゃったけど（笑）。

でもまあ、制度が復活しただけみんな喜んでくれて、目標があって、楽しみもあって、よかったけれども、ああいう制度は、経営者はイヤだろうけれども、やっぱり、夢、希望、目標というのがあって初めて、人間というのはやる気が持続できるわけです。「プロだ！」という意識を持てば、「そんなことでしか動かないようじゃ、プロじゃない」と言われるけれども。私も言われましたよ。「何か褒美がなきゃ、やらんのか、おまえら。プロだろ、プロ！」と言われましたが、プロでも所詮は人間だからね。楽しみがないと。

今の人は、ボーナスはどうなっているの？

桑田　ＦＡを取ると、やはりボーナスを貰えますね。十年なり、九年なり……。

野村　今、資格は九年？

桑田　八年とか七年、どんどん短くしていこうとしていますが……。

野村　古田が選手会長のときに言い出したんだよね。あれはジコチューだから（笑）。そんな性格だから監督やって失敗したんだ、と思うよ。選手は見ているからね。

まさに〝信は万物の基を成す〟だよ。

桑田　ハハハハハ。

野村　こんなこと言っちゃいけないけど、ある選手から聞いたんだ。「古田さんって、めちゃくちゃケチなんですよ」

それで選手からも評判、悪くてね。

桑田　そうなんですか（笑）。

野村　広島なんかに遠征に行くと、広沢や池山が「おーい、焼肉行こう」と言って、若い選手に元気をつけに、食事に行ってたらしい。そこになぜか、古田は行かなきゃいいのに、ホテルの食事が悪いというのもあってか、行かなきゃいいものを……。

それで、安月給の若手連中が、「今日の勘定、誰が払うんや？」と言いながら食っているらしいんだよ（笑）。

桑田　ハハハハハ。

野村　いつも池山と広沢が交互に払っていたらしい。「古田さんが払ったのは、一回も見たことがない」と言っているんです。

桑田　へえ〜。

野村　とにかくケチなんだって。あいつ、さぞかしたくさん、金貯めているだろうね（笑）。

――桑田さんは、プレーヤー時代、古田捕手はいかがでしたか。

桑田　古田さんは先輩ですから、僕が言うのもおかしいですけど、やはり年々、一年目、二年目、三年目と成長されましたね。三年目以降は、自分がベンチでモニターを見ているときも、次はインコース一球見せるかなとか、ここでカーブだなと言いながら、「あれっ、違うな。なんでだろう?」と、逆に勉強させてもらいましたね。

──オールスターなどでは、ご一緒にバッテリーも組まれましたね。

桑田　そうですね、凄く楽しかったですね。「次はカーブ」というときに、サインを見ると、「カーブ」が出るので、「ああ、同じだったな」とか。

野村　あれは、野球センスというか、頭はいい子でね。当時、ヤクルトは古田の成長と並行してチームもよくなったことは、確かだね。

ただ、人望とか、尊敬とか……。

桑田　そこも、野村監督は教育しなきゃいけなかった部分ですよね（笑）。

野村　それを知らなかったんだよ（笑）。

桑田　ハハハハ。

野村　俺は、選手を連れて飲み食いしない。コーチも連れて飲み食いしないという、自分の決めがあったから。

なぜかというと、僕らは下っ端から来たから。南海の鶴岡監督は、ときどき選手を連れて飲み食いに行くけれど、俺は誘ってもらえない。「寂しいな」と思いながら、「俺は嫌われているのか」と、余計な詮索をしないといけないわけだよ。そういうのは、さっきも言った、みんな自己愛で生きていて、自分がかわいい。自分の存在感を認めてほしい。人間の欲求ですよ、存在感、価値観というのは。だから、誘ってもらえないという寂しい思いもあって、「なんで俺は嫌われるのかな」と。鶴岡さんにしてみれば、俺は自慢の種のはずなのにね。テスト生で採って、一軍の主力選手にまで育て上げたという、これはほんとに、引退してからも講演でしゃべれる絶好のネタでしょう。それを、なぜ嫌われるのかがわからない。

俺の処世術の下手さがそういうところに出ている。未だに下手だから。お世辞を言えない、ゴマをすれない。

――桑田さんからも是非、ご提言を。

桑田　最初にも言いましたが、僕の場合は、二十三年間プロ野球選手としてプレーさせていただいて、感謝の気持ちでいっぱいです。今後は、野村監督のような指導者の方々の奥深さを勉強させていただいて、球界に恩返しさせていただきたいと思っています。

それにはまず、選手やコーチの視点からだけではなく、経営者の視点からもプロ野球を掘り下げて、さまざまな角度から、野球を勉強していきたいと思っています。

男の引き際

――最後に、現役引退を決意されたときの「男の覚悟」をおふたりに伺えますか。

野村　僕が選手の引退を考えたきっかけは、上田（利治）監督率いる阪急戦で、西武球場で、確か七回裏だったと思いますが、一点負けていて、ワンアウト、一・三塁というチャンスで打順が回ってきたんですよ。「まあ、同点は任せなさい」という思いで、自信満々にバッターボックスへ向かって進んでいたら、後ろから「おい、野村、野村」と根本（陸夫）監督が呼ぶから、何か俺にアドバイスをするのかなと思ったら、「代わろう」と言われて、それが最初のきっかけです。「俺に代わって、ピンチヒッターって誰だよ？」と思ったら、鈴木葉《は》留彦《るひこ》。「ああ、俺もこういう場面で、こいつより下か。俺の評価もえらい落ちぶれたものだな」と、寂しい思いでベンチに帰って、「代打策、失敗しろ、失敗しろ」と（笑）。

桑田　ハハハハハ。念じていたわけですね（笑）。

野村　その念が効いて、四、六、三のセカンドゴロ。見事なダブルプレーで、「ざまあみやがれ」と思ったね（笑）。

桑田　ハハハハハ！

野村　それで、帰りの車の中で、自分のところが負けるような願いをするようじゃ、もうチームにとって多大な邪魔者だと。これはもう、辞めなきゃいけないと思って、その試合の帰りに車の中で決めて、帰って女房に「もう今年で辞めるよ」と言ったら、「好きなようにしたら」と、あの調子で言われて。

次の日に監督室に行ったら、ちょうど西武の球団代表の坂井さんもいて、「大変お世話になりました。今シーズン限りで辞めさせていただきます」と言ったら、間髪入れずに「長いあいだ、ご苦労さん」と言われて、それでもなおかつ、「ここまでやったんだから、もうちょっと頑張ったらどうや」と言ってくれるかなと、淡い期待を持って監督に報告に行きましたが、やっぱり、結果的には無理だと見ているんだな、と。

我々のレベルになると、球団のほうから「もう君とは契約しない」とは通告しにくいんじゃないかというような空気があって、俺が言ってあげないと、球団のイメージが悪くなる。これだけの選手をクビにするというようなことは……。タイトルも取り、実績も残し、監督までやって、そういう選手を解雇処分にするというのは、球団としてもイメージを壊すのではないかと。つまり、空気を読んだわけです。

――大選手になればなるほど、自分で決断しないといけないわけですね。

野村　自分はそう考えて、帰りの車の中で決心しました。

本当は「五十歳までできないかな」と考えていたんだよ。後輩のために五十歳までやったら、「よし、俺もできるんじゃないか」という励みにならないかな、というのも少しあったんですよ。

――桑田さんは、いかがですか。

桑田　僕もそうですね、やはり球団が言いにくかった。結果的に、僕が勝手に辞めたということになっていますので。

ずっと先発をやらせていただいていましたが、抑えをやって、中継ぎやって、敗戦処理も経験しましたし、いつ辞めてもよかったんですけど、心が納得していなかったんですね。敗戦処理をしたときも、悔しさはありましたけど、やっぱり野球が好きだったんですよね。まだプレーしたかったんですよね。

アメリカに行って思ったのは、自分の心が納得したら辞めようと、ずっと思っていて、ある日突然、二〇〇八年の三月に、凄く調子もよかったけれども、急に「もう現役は卒業」という心境になったんですよね。それでスパッと引退を決意しました。

——迷わなかったですか。

桑田　僕は、二〇〇七年は凄く自信があったものですから、メジャーで経験させていただいて、状態もよかったので、今シーズンは結構いけそうだなという気持ちがありましたが、チームから「若手にチャンスを与えてくれないか」と言われたときに、もう、今ボールを置こうと思いました。

野村　もうひとつ俺は、南海をクビになった時点で一回、自分で決めたことがあって、十二球団から声がかかる間はやる。声がかからなくなったところで自動的に引退だと。そういう考えでいました。

今の女房が原因で、南海ホークスのプレイングマネジャーを解任になったけれども、その際、南海の川勝（傳《でん》）オーナーがふたりきりで、私と話がしたい、と言ってくださった。川勝オーナー、球団代表、後援会長の飯田高島屋社長、ＯＢ代表の鶴岡元監督、そして後援者の葉上照澄師（比叡山延暦寺阿闍梨《あじゃり》）らが集まり、「監督の進退を話し合ったが、俺の力不足で申し訳ない」とオーナーは私に詫びてくださった。

トップ会談の席で、「男にとって、臍から下は人格じゃない」と言って、オーナーは私を庇《かば》ってくれたらしいです。そこへ後援者の葉上さん……。当然オーナーのほうについてくれると思っていたそうです。「許してやってくれ」と、後援者がお寺さんだから、オーナーとしては当然自分の味方についてくれると思ったら、致命的だったのは、後援会の坊主が「クビにして結構だ」と（笑）。

桑田　ハハハハ。

野村　それを言いたくて、オーナーは個人的に私を呼んで、「許してくれ」と。「とんでもない、私が蒔いた種ですから」と言いました。

オーナーには、前の女房との経緯も全部、克明に説明しました。浮気心で今の女房と一緒になって、今の女房と付き合っていたから前の家庭を捨てたんじゃなくて、今の女房と知り合う前に、もう既に壊れていた、別居生活をしていたのだと。世間では「女ができて家庭を捨てた」と言われてますが、とんでもない。

自分はそんな、だらしない男ではありません、と。ちょうどゴタゴタしている最中で、タイミングが悪かったわけですが、まあ、そんなことを説明しました。

そういう面では、南海の川勝オーナーには、ほんとうによくしていただきました。

その後、ヤクルトの桑原オーナー、阪神の久万オーナー、楽天の三木谷オーナーと、オーナーに恵まれました。

ヤクルトでは相馬和夫球団社長には随分、お世話になりました。この人が私の監督就任のオファーに家まで来られたんですよ。縁《ゆかり》も所縁もないのに。

それで、「どうして僕のところに来られたんですか」と聞いたら、「野村さんの解説を聞いたり、サンケイスポーツの連載原稿を読んだりして、なるほどと思った。是非、正しい野球を教えてやってほしい。こんな戦力で、優勝なんて二の次です。是非、ヤクルトの基礎作りをしていただきたい。そういう思いでお願いに来ました」と言われた。

私はその熱意に胸を打たれた。即座に「一生懸命やらせていただきます」とお答えした。後に知るが、私をヤクルト監督にすることに、本社の役員は全員反対だったそうだ。ところが、相馬球団社長は、「失敗したら、野村と一緒に私も辞めます」と覚悟を決めて、私に就任要請をされたのだそうです。

まあ、そういう経緯があったものだから、ヤクルトの監督を引き受けて、張り切ったね。ヤクルトのときが一番充実していたというか。最初のユマキャンプでは、練習後毎日一時間、自分の野球観をホワイトボードに書き、選手たちに筆記させ、「野村の考え」を叩き込んでいった。

南海のときに監督解任されて、それは女房が原因の解任ですから、ある意味、野球業がダメで解任されたんじゃなくてよかったなあと思う半面、物凄く悔いが残った。

もうひとつは、監督をやるならプレイングマネージャーではなくて、監督一本でやりたかった。

そういう悔いを残して南海は終わったのですが、思わぬことにロッテ一年、西武二年と現役を続けさせてもらい、四十五歳で引退して、幸いに評論家を九年、何とか続けていたとき、ヤクルトの相馬さんが監督の就任オファーに来てくださった。これは非常に有り難いと。

そのとき思ったのは、「見捨てる人も千人いれば、見てくださる人も必ず千人いる」という草柳大蔵さんから教わった格言でした。

桑田　監督、今日はほんとうにいいお話、ありがとうございました。

野村　いやいや。今度、商売抜きでうちのキャンプ来てよ。

桑田君もまだ若い。早い時期に是非、現場復帰して下さい。

桑田　こちらこそ、いろいろと勉強させて下さい。

野村　今日はこれから、レコーディングがあるんだよ。それが、憂鬱でね（笑）。

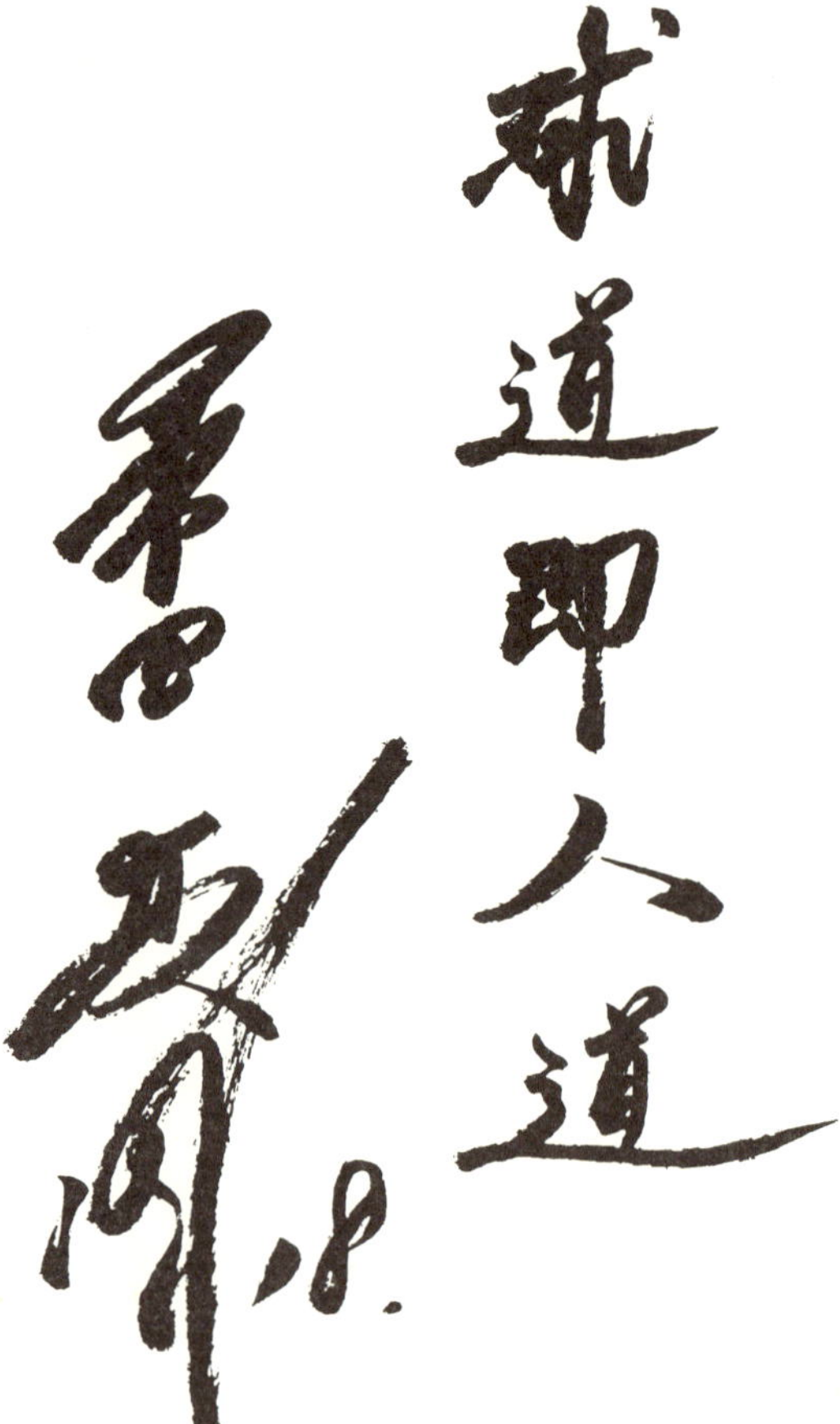
武道即人道

野球に学び
野球を楽しむ

楽天イーグルス監督
野村克也

あとがき

私の少年時代は、娯楽の少ない食糧難の戦後だった。はじめに触れたように、私は父を戦争で失い、病身の母の手ひとつで育てられた。

無口な母に言われたひと言を私は、生涯忘れない。

「克、男は黙って仕事をしなきゃいかんぞ」

という言葉である。

新人時代の解雇通告にも、体験したものにしかわからないテスト生の辛酸と苦悩、その後の幾多の試練にも耐えられたのは、私の血肉の中に懸命に働く母の姿とこの言葉が宿っているからである。

「生涯一捕手」という私のキャッチフレーズは、南海ホークス監督兼捕手を解任になって、現役を引退すべきか続行すべきか悩んでいたとき、人生の師であった評論家の草柳大蔵先生との会食から生まれたものだ。「結局、マスクをかぶることにしました」と草柳さんに話すと、いったいそれが何だ、という態度をとられた。私は、人生の転機を相談してるのに、草柳さんはそっけなく食事を進めている。

「今、おいくつですか」

「四十二歳です。その年で、まだやる気かと言われています」

「なんだ、四十ちょっとですか。フランスの首相は七十四歳でロシア語のＡＢＣから勉強していますよ。人間一生涯勉強ですよ。やりたければ、やればいいでしょう。禅語には、生涯一書生という言葉もありますよ」

私は咄嗟に、「ええ、僕は、生涯一捕手で行きます」と答えてしまった。

帰宅し、私は色紙に「生涯一捕手」と書き写してみた。「一」は物事に徹するという意味もある。当然、物事、人間関係のはじまりを意味する。私は鼓動が激しくなった。野球のみならず人生における転換点を迎えた際、人間に最も重要なのは、覚悟と決断である。

本書は、私の野球人としての根幹をなした「弱者の戦略」の視点から物事と人間心理をどう読むか、その心得と実戦における私なりの思想と体験を著した。

主役ばかりを集めても、物語は成立しない。黒子に徹する、司令塔となる脇役を固めることが組織にとっていかに重要であるかを綴った。

プロとはいかなる存在か。いかなる役割を担っているか。そうした思考は、野球のみならず広く各界で活躍される読者の皆様に、ひとつの人間論としてお役立ていただければ、これにまさる喜びはない。

冷たい雨の降りしきる開幕間もない時節から、晩秋の月が夜空に輝く季節まで、東北の楽天ファンは、粘り強くスタンドから我々を応援し続けてくれた。楽天を率いて丸四年の時が過ぎた。「石の上にも三年、風雪五年」という諺ではないが、ファンの声援に結果で応えるラストチャンスだと決意して、私は戦い抜いた。私を支え続けてくれた数多くのプロ野球ファン、選手たちに改めて感謝したい。

野村克也

野村《のむら》の革命《かくめい》

2009年12月10日　初版第一刷発行

著　者　野村克也《のむらかつや》
発行者　栗原幹夫
発行所　KKベストセラーズ
〒170-8457　東京都豊島区南大塚2-29-7
電　話　03-5976-9121(代表)
振　替　00180-6-103083
http://www.kk-bestsellers.com
印刷所　近代美術
製本所　ナショナル製本

定価はカバーに表記してあります。乱丁・落丁本がありましたらお取替えいたします。本書の内容の一部あるいは全部を無断で複製複写（コピー）することは、法律で認められた場合を除き、著作権および出版権の侵害になりますので、その場合は、あらかじめ小社宛に許諾をお求めください。

©KATSUYA NOMURA 2009
PRINTED IN JAPAN
ISBN978-4-584-13143-5
C0095